爆品营销

Hot Product Marketing

李桥林 著

天津出版传媒集团

天津科学技术出版社

图书在版编目（CIP）数据

爆品营销 / 李桥林著. -- 天津：天津科学技术出版社，2019.4（2020.3重印）

ISBN 978-7-5576-6054-3

Ⅰ. ①爆… Ⅱ. ①李… Ⅲ. ①产品营销 Ⅳ. ①F713.50

中国版本图书馆CIP数据核字（2019）第030488号

爆品营销
BAOPIN YINGXIAO
责任编辑：布亚楠

出　　版：	天津出版传媒集团 天津科学技术出版社
地　　址：	天津市西康路35号
邮　　编：	300051
电　　话：	(022) 23332695
网　　址：	www.tjkjcbs.com.cn
发　　行：	新华书店经销
印　　刷：	大厂回族自治县彩虹印刷有限公司

开本 710×1000　1/16　印张 15　字数 190 000
2020年3月第1版第3次印刷
定价：45.00元

爆品的巨大魔力

在互联网时代,如何才能将一家企业不断做大?这是很多企业,尤其是传统企业存在的疑惑。因为在如今这个时代,市场变化太快,也许企业今年还坐着行业的头把交椅,明年就会面临倒闭的窘境。

如何破解这种局面?如何让公司更好地发展?面对产品同质化现象越来越严重的现实,企业想要在竞争激烈的市场上赢得一席之地,就必须抛弃传统的营销理念,树立新思维,实施新战略。

我拥有20年的策划实战经验,从创意文案开始到策划总监,再到2004年创业,至今,我拜访过菲利普·科特勒等20多位国内外顶尖的品牌、营销、策划或广告界的大师,仔细研究了奥美集团等近百家国际4A广告公司的品牌工具,成就过金六福等6家中国驰名商标,还投资过众多企业。我发现互联网摧毁了固有的商业模式,让人不得不去构建新的爆品思维。在这个时代,打造能够吸引客户眼球,甚至产生巨大社会影响力的爆品,已经成为很多企业新的选择和目标。微信、支付宝、海底捞的毛肚、漫威的超级英雄电影,都是爆品的优质代表。

那么,究竟什么样的产品才能称为爆品?

从用户的角度讲,爆品要能抓住客户的痛点,让客户尖叫不止!只有那些解决了客户真实需求的产品，才能给客户带来较好的消费体验，才能促使客户自觉自愿地去分享、推荐。

从企业收益的角度讲，爆品要能为企业带来远超常态的利益：也许只是一款单品，就能引发爆炸性的效应，为企业带来难以估量的财富。

从市场影响力的角度讲，爆品往往会对一个行业产生颠覆性的影响，在给客户带来更好体验的同时，对市场上既有的产品产生巨大的冲击力。

很多人都很熟悉"二八定律"，就产品销售而言，就是20%的产品能贡献80%的销售额。这20%的产品就可以称得上是爆品，能够为企业带来超乎想象的利润和影响力。比如，红米手机、康师傅老坛酸菜牛肉面、绿箭口香糖、可口可乐，以及我曾参与或者全程策划的方太集团的水槽式洗碗机、均瑶集团的味动力、思朗食品的纤麸饼干、速腾物流集团的速腾快递、响当当网络的加粉王等，都是比较知名的爆品。尽管打造爆品的途径和方式有所不同，但是爆品对于公司的意义都是巨大的，甚至可以说，一款爆品就能养活一家企业。

在未来的市场上，企业要么主动选择打造爆品，要么被动地被爆品颠覆。这是所有企业必须面对的现实。所以说，每个公司必须将爆品战略作为公司转型的一大战略。

本书从爆品的认知、爆品思维、客户的痛点、客户的尖叫点、产品的爆点、爆品的定价、品牌的构建、口碑的传播、IP的打造等方面，向读者全面阐述和展现了打造爆品的全过程，以帮助读者培养与众不同的爆品思维，并为读者提供简单有效的爆品打造方法。

第一章 打造爆品，互联网时代的营销新出路

得爆品者得天下　　　　　　　　　　　　002
爆品的五大特点　　　　　　　　　　　　006
爆品≠畅销品　　　　　　　　　　　　　010
当务之急是打造支撑爆品的体系　　　　　012
创新是爆品的必备基因　　　　　　　　　015
【案例】华为手表（HUAWEI WATCH）的爆品之路　017

第二章 头脑革命，开发颠覆传统的爆品思维模式

爆品思维，是多种思维的集合体　　　　　022
"不可或缺"是爆品必备的属性　　　　　　029
细分市场，制造高频需求　　　　　　　　031
利用数据，发掘制造爆品的可能　　　　　034
不追时髦，深耕产品　　　　　　　　　　038
这样做，轻松拥有爆品思维　　　　　　　040
【案例】360路由器：周鸿祎的爆品思维　　044

第三章　夯实基础，找准痛点

什么是消费者的痛点　　　　　　　　　　　048

找到痛点是打造爆品的基础　　　　　　　051

客户痛点的界定原则　　　　　　　　　　053

找风口：站在风口，猪也能飞起来　　　　055

紧追一级痛点，不在二、三、四级痛点浪费时间　　059

【案例】小米移动电源是如何引爆市场的　　064

第四章　深挖体验，制造客户的尖叫点

尖叫就是产品的口碑指数　　　　　　　　068

设计流量产品，用低价让客户尖叫　　　　071

以客户为中心，只为客户生产　　　　　　074

一星级的酒店，三星级的服务　　　　　　076

快速迭代，给客户超乎想象的优质体验　　080

走进"产品为王"的时代　　　　　　　　083

【案例】海底捞的极致服务体验　　　　　087

第五章　引燃爆点，让产品极速由"冷"变"热"

爆点=引爆大众传播　　　　　　　　　　090

制造爆点的三大法则　　　　　　　　　　094

引爆核心族群，影响互联网大众　　　　　098

不断加持，提升客户的参与热情　　　　　100

借力热点事件，引爆社交网络　　　　　　103

引爆产品的四大定律　　　　　　　　　　106

【案例】魅蓝手机：引爆流行背后的工匠精神　　109

第六章 物超所值，寻找引爆的价格点

性价比高的产品，更有成为爆品的潜力 … 114

抓住客户的心理，价格才有竞争力 … 117

爆品定价的6个策略 … 121

爆品定价的3个误区 … 124

【案例】4年时间，速腾如何快速成为行业黑马 … 128

第七章 构建品牌，形成优势竞争壁垒

品牌命名，新生产品走进客户心里的第一步 … 132

培育核心技术，建立产品优势 … 135

品牌符号化，占领客户的心智 … 137

做好企业价值链管理，有效应对外来冲击 … 140

塑造属于自己的品牌个性 … 143

【案例】加粉王：一年半迅速成为行业领军者 … 147

第八章 口碑战略，让爆品进行"病毒式"传播

好口碑，带来好销量 … 152

口碑为品牌创造价值 … 156

有营销无口碑，产品怎么会大卖 … 160

找到意见领袖，营销事半功倍 … 162

实施口碑战略的四大要素 … 165

【案例】九阳豆浆机：一杯豆浆打天下 … 168

第九章 实力圈粉，粉丝经济时代爆品突围的重要路径

粉丝经济：互联网创新商业形态 　　172
粉丝推广需要时间积淀做保证 　　175
精准分析，掌握粉丝的真实需求 　　177
借助"饥饿"，刺激消费者变粉丝 　　180
粉丝持续接力，刷出市场新爆品 　　183
【案例】新希望牛奶粉丝节 　　186

第十章 引爆产品，从一个故事开始

讲好故事，产品人气爆棚 　　190
好的故事，不是走心，就是娱乐 　　193
细节制胜，紧紧抓住客户的关注点 　　196
有新意的故事，怎么能离开流行元素 　　199
独具风格的故事，展现产品差异性优势 　　202
【案例】三个爸爸空气净化器的情怀故事 　　206

第十一章 IP有力量，强IP为爆品加冕

什么是IP 　　210
善于筛选，打造强IP的关键一步 　　212
创始人IP化，产品营销新捷径 　　215
惊艳多姿的IP内容制作 　　217
IP变现，促使产业链不断延伸 　　220
【案例】故宫淘宝：IP打造的电商爆款 　　223

后记 爆品将要面临的挑战

第一章

打造爆品,互联网时代的营销新出路

互联网技术的不断发展和进步,对产品的生产和营销提出了更高的要求。在新的市场环境下,坚持"以客户为中心"的经营理念,借助个性化、创新化的优质产品,为消费者提供极致的消费体验,进而打造出引爆市场的爆品,这已经成为互联网时代的营销新出路。

得爆品者得天下

在互联网时代,越来越多的企业开始尝试摆脱传统模式的束缚,在不断摸索中寻找符合企业个性的成长方式,并生产更有特色、更具人性化的产品。在这个过程中,不仅产品品类越来越多,而且产品更新换代的速度越来越快。

在这种大环境下,企业要想赢得更大的市场,获得更多的利润,打造爆品便是一个非常有效的手段。小米创始人雷军说:"在当今的互联网时代,要想成功,必须要做出爆品,有引爆市场的产品和策略。"

那么,什么样的产品才能被称为爆品?一款爆品究竟会产生怎样巨大的能量?互联网时代的爆品和传统工业时代的爆品又有怎样的区别?

众所周知的福特T型车、苹果iPhone及小米手机等,都可以被称为爆品。它们不仅极大地推动了各自所在市场的发展,也为企业树立了良好的口碑,让企业获取了巨大的利润。在传统工业时代,企业更多追求"以企业为中心",成功的关键在于技术革新、销售渠道等,客户并不是企业考虑的重点;而在互联网时代,企业的成功要建立在"以客户为中心"的基础上,让客户得到极致的消费体验,进而将他们转化为产品的粉丝,才能顺利打造出爆品。

2011年8月16日，小米发布了第一代手机。作为国内第一款双核智能手机，它的售价仅为1999元。这和业内4000~6000元的惯常定价相比，着实让很多人大呼诧异。

大部分业内人士认为，以这样的价格想要赚钱，简直是天方夜谭。而消费者对小米手机的质疑，也如潮水般涌来。很多网友质疑小米是"山寨货"，甚至有人说："小米手机让我想起了神舟电脑，雷军让我想起了吴海军。"

面对质疑，雷军并没有退缩。他和几位创始人坚信，"硬件+软件+互联网服务"的新模式，必将给传统硬件产业带来巨大的冲击。

在小米公司内部，有这样一句口号："永远相信美好的事情即将发生。"而小米手机的火爆行情，不仅响应了这句口号，也印证了雷军和几位创始人的坚持是无比正确的。

2012年，小米手机的销量为719万台，实现营收126.5亿元。2013年，小米手机的销量为1870万台，含税销售额达到了316亿元。2014年，小米手机的销量为6112万台，含税销售额达到了743亿元。2014年底，小米公司完成了高达11亿美元的融资，公司估值达到了450亿美元。

短短的几年间，小米公司从被质疑到成为"神话"般的存在，可谓走上了一条迅猛发展的快速通道。能够取得这样的成就，与雷军强调的"口碑为王"有着密不可分的关系。他说："做好口碑，不仅是公司老板的信条，更是小米商业模式的信条。"雷军坚持以消费者为中心，坚持为消费者创造最大化的价值体验，这是他能将小米手机做成爆品的关键所在。

对于小米的成功，很多创业者都心生向往，每个人都希望自己的产品能像小米手机一样引爆市场。但是小米的成功并不具备借鉴作用，因为雷军有强大的明星团队、有资金等，因此我希望大家可以从我策划的一个案例中得到启发。

2004年，我为思朗食品做策划。思朗是一家中小型食品企业，早期因为一款薄脆饼畅销，企业得到了快速的发展。2003年前后，思朗在国内第一个推出纤麸粗粮饼干，它的售价为9.8元。这与当时普遍卖3.5元的价格相比简直是天价，即使与当时卖6.8元的奥利奥相比，价格也高出了较多。这个价格让很多消费者都无法接受，销量可以用"惨淡"来形容。

如何将一个没有知名度的产品卖得既贵又好，这个难题摆在了思朗食品袁汉思董事长的面前。袁董事长与团队想过很多办法，就是无法打开销路，这才想到了找我们策划。

在我面前，袁董事长不断强调产品的功能如何如何好，对糖尿病有好处，对便秘有好处……这导致我都有些严重怀疑这是否是饼干了，但很快我重新梳理了思路，告诉袁董事长，这是食品，不是药品，也不是保健品，我们要回归到产品的本身。

我带着团队亲自去了广州、上海、长沙等10余个城市的各大超市，研究为什么大家只买3~5元的饼干。经过近3个月的调查研究，我们发现不是产品不能卖高价，而是顾客没听过也不知道，当然不会尝试比一般价格高两倍左右的纤麸粗粮饼干了。

再说产品本身，粗粮当时都不流行，大家都还在大鱼大肉、海吃海喝，我们只能从洞察人性的需求角度寻找突破口。后来，我们反复研究发现，粗粮有利于肠道消化，于是我们将粗粮饼干改成了消化饼干，并配上"助消化、益健康"的广告语。产品铺进超市后，我们在全国超市里展开了一场持久的免费试吃活动。

短短的三四年时间，纤麸消化饼干从不好销到一路凯歌，迅速销量过亿，成为行业第一品牌，远远超过了太平等国际品牌，成为行业现象级产品。后来，江中药业集团还找我做了咨询，之后推出了江中猴菇饼干。

如今，14年过去了，纤麸仍然稳居行业第一品牌。

一款引爆市场的产品，不仅可以提升产品的销售业绩，让企业获得百倍、千倍的利润，还能提升企业的形象，为品牌带来较高的曝光率。从某种程度上说，爆品是企业赢得客户、占据市场的一条捷径。

在如今这个互联网高度发达的时代，各种信息逐渐变得透明，人与人之间的交流越发便利，只在一夜之间，一款成功的产品就可能引发市场热潮，变成众人追捧的爆品。任何一家有追求、有理想的企业，都应该打造属于自己的爆品。唯有如此，企业才能成为行业的领头羊，拥有更广阔的发展空间。

爆品的五大特点

对当代企业来说，爆品的重要性不言而喻。很多企业都想做出自己的爆品，让品牌变成下一个苹果、小米。然而，爆品的打造并非一朝一夕就能完成的，它有一个完整的营销体系。打造爆品是一种先进的经营战略。任何一家想要打造爆品的企业，首先都应该对爆品有正确而全面的认识。下面，我就先介绍一下爆品的五大特点。

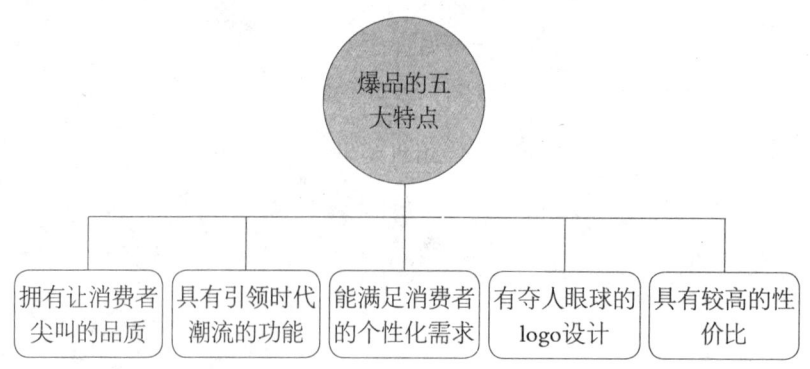

拥有让消费者尖叫的品质

想把一款产品做成爆品，首先要求产品具有成为爆品的实力。只有产品具备让消费者尖叫的品质，消费者才会买账，才愿意花钱购买产品。

打造一款爆品，必定要进行认真的分析、贴心的设计及细心的打磨，在每一个步骤中都让消费者得到尖叫的体验，出现爆品自然就水到渠成了。

在很多消费者心中，宜家是"设计精巧、品质优良、服务完善"的代名词。消费者能有这样的消费体验，全在于宜家对产品品质的执着追求。

在每一款产品的设计、研发过程中，宜家都会邀请世界级的设计大师参与其中，而在生产、制作过程中，也会追求精工细作，力求为消费者提供最好的消费体验。

在这种思维的引领下，宜家打造出一个又一个爆品，毕利书柜、帕克思衣柜等，都成为风靡一时的抢手货。不断出现的爆品，让宜家成为家居行业中的佼佼者，始终处于优势地位。

每一款爆品都具有让消费者尖叫的品质。只有优良的品质，才能为产品带来良好的口碑；只有不断发酵的口碑，才能迅速引爆产品，以最快的速度抓住消费者的心。

具有引领时代潮流的功能

随着时代的发展，人们的生活品质不断提升，消费者对产品的需求也发生了巨大的变化。对许多消费者而言，购买产品不再是为了满足基本的生活需求，而是为了迎合甚至是引领时代潮流。

社会发展的速度在加快，各种产品更新换代的速度也在加快，相对而言，产品的流行时间在缩短，流行趋势的变化频率在加快。

在产品生命周期不断缩短的大背景下，那些能够站在时代前沿，发掘和改变消费者生活方式和消费观念的产品，更受消费者青睐，从而有成为爆品的巨大潜力。任何一家企业，只有把握未来的流行趋势，才有可能引发消费者的更多关注，创造引爆产品的契机。

能满足消费者的个性化需求

互联网技术的迅猛发展，使得世界变得越来越小，人们足不出户，便可以了解世界各地的风土人情。在各种信息和知识的冲击、融合下，人们的个性得到了充分的展现。而在消费过程中，人们对个性化产品的需求也表现得越来越强烈。

有鉴于此，在打造爆品的过程中，企业必然要考虑如何满足消费者的个性化需求。如何抓住消费者的痛点，如何通过产品引发消费者的共鸣，这是企业在打造爆品时必须要解决的问题，也是一款产品能否成为爆品的关键。

传统产品的特点是批量式生产，同质化现象十分明显，对于个性的表现明显不足。而互联网时代的爆品，则必须以满足消费者的个性化需求为出发点，为消费者提供独特的产品及服务。爆品的生产和销售，更加具有针对性，实现了点对点的定制服务，更加突出了爆品的独特竞争优势。

需要注意的是，满足消费者的个性化需求并非在某一阶段有所体现即可，而是应该贯穿始终。无论是产品的生产、使用，还是营销、服务，都应该表现出与众不同的特点。这是一个系统工程，需要企业从始至终地采取有针对性的措施。

有夺人眼球的标志（logo）设计

我曾经在2010年出版过一本书——《logo：企业的第一张脸》。在书中，我第一次提出"logo才是世界畅通无阻的国际语言"，因为即使你不认识英文、法文、韩文，你也肯定能远远地认出禁止停车、洗手间等标志。

换句话说，一个夺人眼球、让人过目不忘的品牌logo，会让消费者对产品产生强烈的占有欲。这对于打造爆品具有十分重要的作用和意义。

一个非常典型的例子就是大家熟知的苹果手机，那个被咬了一口的苹果，总给人眼前一亮的感觉，它吸引了无数消费者的目光，让苹果手机具有了较高的辨识度。

我在书中还剖析了三个重要的案例，其中一个是阿迪达斯的三条杠符号，成为它独有的识别性符号，其视觉核心理念就是跑道，代表运动精神，所以，我认为logo不仅要漂亮，更重要的是要体现出企业的内涵与精神。

在打造爆品的过程中，企业一定要引入形象设计的概念，使品牌logo成为产品设计的一部分。一个优秀的logo设计，能够让爆品品质视觉化，以达到短时间内抓住消费者眼球的目的。

具有较高的性价比

拥有让消费者尖叫的品质，是爆品十分重要的特点之一，而较高的性价比，也是爆品的重要组成部分。大凡能够做成爆品的产品，多数情况下性价比一定占有优势。

所谓性价比，就是性能和价格的比例关系，其公式如下：

$$性价比 = 性能 \div 价格$$

我们从中不难看出：性能越好、价格越低，产品的性价比就越高；反之，产品的性价比就越低。

一款爆品，极致的品质是必须具备的条件。也就是说，在品质确定的情况下，价格就成为影响性价比的主要因素。通常而言，爆品的售价应该略低于平均客单价。在保证利润空间的前提下，爆品的价格应该以容易打动消费者为衡量标准。当然，偶尔也有例外，如我们策划的思朗纤麸饼干的性价比是比较低的，这类项目更考验策划人的功力。

爆品≠畅销品

新浪网做过一个调查：你理解的爆品是什么？

问题很简单，得到的答案却五花八门。大部分人觉得爆品就是畅销品，还有一部分人认为，企业或品牌本身就是爆品。

那么，究竟什么是爆品？爆品和畅销品又有什么联系呢？

从字面上看，爆品就是卖得火爆的产品。爆品能在消费者中引起强烈的反响，帮助企业迅速抢占市场，获得巨大的社会效益和经济效益。而畅销品，指的则是市场上销路良好、没有积压滞销的产品。从某种程度上说，爆品可以成为畅销品，但畅销品不一定就是爆品。

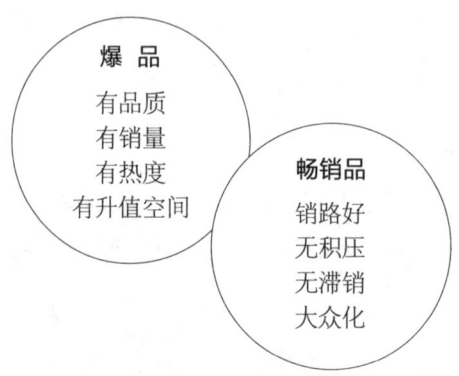

与一般的产品相比，畅销品最大的特点就是销量非常好。任何一款产品，只要受消费者欢迎，销量很好，就可以被称作畅销品。畅销品有可能是企业从过往的销售记录中筛选出的一款销量最好的产品，也可能是企业针对竞争对手的营销活动而推出的一款产品。这些产品通常具备大众化的特点，独特性并不十分突出，主要追求的是销售额或销售数量。

爆品和畅销品的衡量标准有很大不同。爆品不仅需要良好的销售业绩，还要具有引起消费者围观、追捧的吸引力，乃至于形成一股全民参与的热潮。比如，改变人们联络方式的QQ、微信，引领手机潮流的苹果iPhone，中国制造的优质代表小米手机等，都在市场上引起了阵阵风潮，让消费者为之侧目、尖叫。这些爆品不仅创造了超高的销售纪录，还有自身的品牌故事、企业文化以及纷至沓来的焦点话题。

在如今这个爆品为王的时代，爆品受到了前所未有的关注，但是人们对爆品的认识并不十分准确和全面。西贝莜面村总裁贾国慧曾说："舌尖营销是从外部借力，爆品思维才是真正的灵魂。一些人喜欢从营销的角度解读西贝，那只是剥开了洋葱最外边的皮儿，真正让你流泪的那瓣，其实还在里边。"

对现代企业来说，打造爆品是不断发展的优质选择，尤其是在市场竞争日趋激烈的今天，同质化明显的产品显然已经没有太大的生存空间。企业想要"开疆拓土"，必须正确理解爆品的含义，并将爆品和畅销品区分开来。

当务之急是打造支撑爆品的体系

很多企业都对爆品有着执着的追求,都希望能够借助爆品让企业"一飞冲天"。然而,真正能够打造出爆品的企业,不过是凤毛麟角;真正能让消费者尖叫到爆的产品,也总是可遇而不可求。

为什么会出现这样的情况?为什么明明有模有样地营销,却始终无法引爆市场?为什么已经很努力,却始终无法得到想要的效果?

问题的症结在于,从试图打造爆品的那一刻起,很多企业就陷入了思维的误区。即便是一家以售卖产品为主业的企业,也不能仅仅定位于卖产品,而应该为消费者提供优质的服务;即便不是传统的硬件企业,也应该时刻关注供应链的问题;即便最终的目的是打造爆品,也应该明白所有的爆品都有时效性,如果没有能够支撑爆品运营的体系,那么所谓的爆品也只能是昙花一现,无法为企业持久获利提供帮助。

爆品体系追求的是成本和收入的最优组合关系,以及整个企业体系的健康运行。任何一家想要长久生存甚至长盛不衰的企业,都应该脚踏实地地建立自己的爆品体系,从而为爆品的长期爆裂提供有力的支撑。然而,对很多企业来说,优化体系和追求利润仿佛是一对难以调和的矛盾体。毕竟追求利润就要开源节流、压缩成本,尽量缩短产品的生产周期,而优化体系则要站在全局角度,通盘进行考虑。

对所有的企业来说，利润和体系的矛盾都是需要认真对待和巧妙解决的。而从企业内部和外部分别建立良好的生态体系，是一个颇具智慧的选择。

企业内部体系

通常而言，企业的内部体系包括组织架构、企业资产、员工等。从爆品体系的角度而言，体系的重要性远大于产品本身，组织的重要性也大于个体。简而言之，爆品体系的内部架构要从两个方面去搭建。

（1）以打造爆品为终极目标的生产体系。

（2）以产品为核心的所有人和物。

对大多数企业而言，"以打造爆品为终极目标的生产体系"是非常清晰而坚定的努力方向，但是企业对"以产品为核心的所有人和物"往往关注不够。实际上，一个广泛意义上的产品，应该包括将普通人转变为顾客的所有价值来源。客户在与企业进行互动的过程中所体验到的任何事或物，都应该被看作企业产品的组成部分。

也就是说，企业在产生了打造爆品的想法之后，就应该将所有与之相关的人和物都纳入爆品体系之中，包括产品、服务、协作、管理、品牌等。

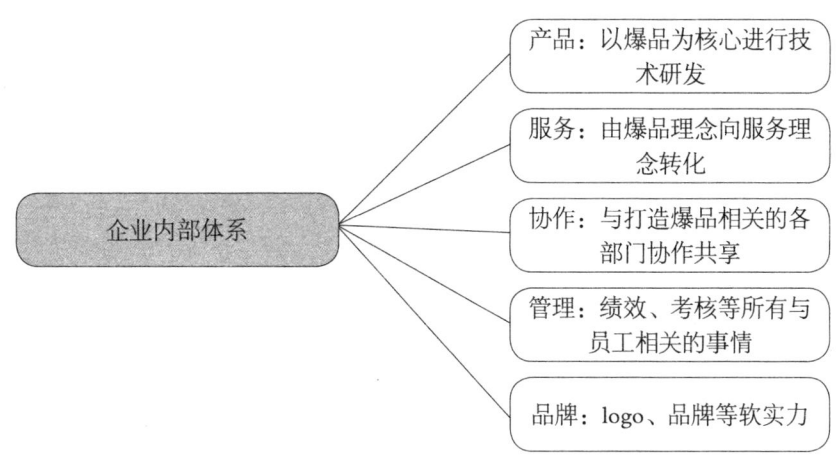

企业外部体系

在追求爆品的道路上,"产品为王"已经成为一种基本的共识。只有具有高端品质的产品,才有成为爆品的可能;只有追求品质的企业,才能在激烈的竞争中赢得先机,抢占属于自己的市场资源。

然而,"产品为王"并不意味着企业只关注自己的产品,只要打造好企业的内部体系就能做出爆品。如果一家企业只关注自己,而不去关注外部体系,就很可能忽略一些与企业成长紧密相关的要素,最终遭遇一场完败。在搭建企业外部体系的过程中,企业需要特别关注竞争对手、供应链的合作伙伴、客户等核心因素。

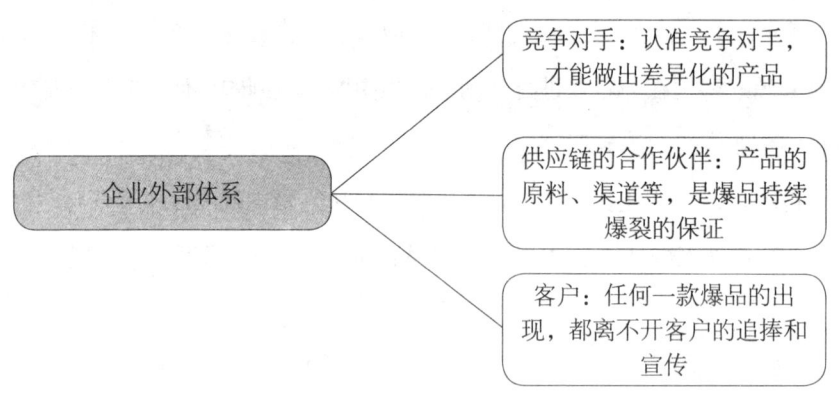

创新是爆品的必备基因

随着时代的发展和社会的进步，人们的消费水平逐渐提升，消费者对产品的要求也水涨船高。对任何一家企业而言，满足消费者的需求正在变得越来越困难。

在如今这个信息高度发达的时代，消费者正变得越来越难以捉摸，他们的喜好、品位等随时可能因外界的影响而发生巨大的变化。如果一款产品没有足够的创意和新鲜度，就很难吸引消费者的兴趣，想要打造爆品也就无从谈起了。

20世纪80年代，寻呼机引爆通信市场。它的出现改变了人们的通信方式，引领了时代潮流。

1983年，中国第一家寻呼台在上海开通；1991年，第一台汉字寻呼机问世；1998年，中国的寻呼机保有量位居世界第一。

当时，人们借助寻呼机实现基础的通信功能，这种可随身携带的通信产品一跃成为中国最风靡的爆品。而后，随着生活水平的不断提高，人们对通信的要求越来越高，寻呼机显然已经无法满足人们的需求。

于是，在寻呼机诞生15年之后，也就是2007年，中国联通关闭了国内30个省、市、区的无线寻呼业务，这也意味着，寻呼机正式退出了历史舞台。

从爆品到消亡，寻呼机只用了短短15年的时间。能够引爆市场，源于它的创新；而被市场淘汰，则是因为它无法满足消费者对创新的要求。从某种角度上可以说，寻呼机是成也创新，败也创新。

有位营销专家说："现在的营销已经是'一对一'的模式了。"的确，随着商业的发展，消费者的需求越来越多，对新奇和变化的渴望越来越强烈。企业只有不断求新求变，才能满足消费者的需求，企业的产品才有可能成为爆品。

创新是爆品的必备基因，这一点毋庸置疑。产品创新是一个系统工程，是企业长期发展的必备条件之一，企业要想树立自己的品牌，打造自己的影响力，创新是不可或缺的组成部分。在打造爆品的过程中，以下几种创新策略具有一定的参考价值。

抢先开发产品，占据先发优势

在竞争对手尚未开发，或是同类产品尚未进入市场之前，抢先开发新产品并投入市场，为企业赢得先发机会和竞争优势。这一策略要求企业拥有足够的财力、物力、人力以及较强的研发能力，且能承受较大的风险。

紧跟、复制爆品

市场上总会出现爆品，敏锐地发现爆品之后，可以紧跟在爆品身后，不失时机地加以借鉴，适当融入企业的新创意之后，便迅速生产并投入市场，抢占爆品的市场份额。这一策略要求企业注意规避已有爆品的专利技术、知识产权等。

创造服务新模式

消费者购买产品，除了关注产品的功能属性，对于服务体验也有自己的需求。创造新的服务模式，全面提升服务质量，有助于提升市场竞争力，为企业带来更多客户和支持。

挖掘消费者的潜在需求

产品的创新，不能仅仅局限于满足消费者当前的需求，还应该体现企业对未来的预见性。打造爆品，往往要从消费者的潜在需求入手，开发新的功能，引导客户发现新的需求。

【案例】华为手表（HUAWEI WATCH）的爆品之路

对大多数人来说，手表并不是什么稀罕物，很多人甚至将它视作生活必备品之一。

自手表诞生的那一天起，实用性和装饰性就是其不可分割的组成部分。只是随着社会的发展，人们佩戴手表的目的已经从简单的计时上升到更加复杂的层面，很多人用手表来体现自己的身份、地位、个性等。从某种程度上说，人们对手表的装饰性需求逐渐超越了对实用性的需求，这就使得手表市场上的奢侈品牌受到了更多的追捧，有了更快的发展。

随着人工智能的发展，人们越来越渴望手表中能够融入一些科技元素，这就使得手表市场出现了一个新的细分市场——智能手表。这种手表改变了传统手表的形象，吸引了众多消费者的目光。

在现阶段的智能手表市场上，苹果和华为是处于领先地位的两家生产商，而且华为有着比苹果更好的发展趋势。

在2015年的西班牙世界移动通信大会上，华为公司推出了HUAWEI WATCH，并借助种种有效手段将它打造成了一款爆品。下面，我们一起来看看HUAWEI WATCH的爆品之路是如何实现的。

美丽精致的外观设计

在智能手表的市场上，并不是每一家企业都对智能手表有正确的认识。有些企业认为智能手表就是一款可以穿戴的设备，只要对传统手表稍作改进，融入智能的概念就行；有些企业认为智能手表关键在于智能，只要技术水平足够高，那外观方面就不重要。

这些企业忽视了很重要的一点：智能手表的本质是手表，其实用性和装饰性缺一不可。手表不单单是一种计时工具，还是一种提升品位的装饰品。更何况，现在的消费者对装饰功能有了更高的要求，外观设计不佳的智能手表，通常很难让消费者产生购买欲望。

华为公司对智能手表的认知十分清晰，所以在打造HUAWEI WATCH之初，就将其精准定位为"一款手表"。在设计的过程中，设计师秉持手表的设计理念，采用了与传统高级腕表相似的外观、工艺及材料，并使用了传统手表经典的圆形设计。HUAWEI WATCH惊艳的外表，赢得了消费者的交口称赞。甚至有很多业内的专家预言："HUAWEI WATCH的外观设计会对全球智能穿戴市场的发展趋势产生一定程度的影响。"

HUAWEI WATCH的完美外观，一下就抓住了消费者的眼球，再加上精湛的工艺和优质的材料，为它成为爆款奠定了坚实的基础。

强大的品牌做后盾

任何一款新产品，想要赢得消费者的认可都并非易事，生产企业的品牌大小，对于产品能否成为爆品有着非常大的影响。

众所周知，华为并不是率先推出智能手表的企业，但是其较大的影响力，使得消费者对它总是充满期待和关注。甚至可以说，无论华为推出什么新产品，都会引来众人的围观和支持。2015年11月，HUAWEI WATCH在上海首发，不到半年时间，它就成为全球知名的智能手表品牌。HUAWEI WATCH能在激烈的竞争中脱颖而出，成为一款引爆市场的爆品，华为品牌这个强大的后盾无疑起到了十分关键的作用。

首先，华为是世界领先的通信设备供应商，在国内外都有较高的知名度，而且它在海外市场占有很高的份额，能在海外引起极大轰动。

其次，华为生产的智能手机赢得了广泛的认可，其整体销量处于市场领先地位。这让消费者对其技术水平更加信任，也对HUAWEI WATCH有一定的认可度。

所谓爱屋及乌，消费者对华为品牌的认可，衍生出对HUAWEI WATCH的信任，所以HUAWEI WATCH能够成为爆品也就不足为奇了。

多元化渠道做支撑

HUAWEI WATCH在没有上市之前，就已经有了200多万只的预订量。上市当天，华为实体门店、华为网上商城以及天猫、京东等平台在售的所有HUAWEI WATCH都被抢购一空，这样火爆的销售情况引起了消费者的广泛关注。

HUAWEI WATCH之所以能够引爆市场，是因为华为的多元化渠道在其中起到了良好的支撑作用。华为的多元化渠道包括运营商渠道、电商网络渠道、社会化公开渠道等，它们是华为在手机市场收获的宝贵财富之一。正是在多元化渠道的支撑之下，HUAWEI WATCH才能迅速铺货，在上市之后以最快的速度占据市场，获得商机。

通过多元化的渠道，HUAWEI WATCH的市场影响力迅速得到提升，并进一步形成良好的口碑，得到了舆论的广泛支持，这为HUAWEI WATCH成为爆品起到了良好的推动作用。

跨界营销提供最后助力

所谓跨界营销，就是企业根据自身品牌的特点及产品具有的优势，分析总结出较好的营销点，然后将其与合作伙伴的品牌特点进行有机的融合，通过双方的优势互补，打造出一种能够为受众所接受的共同的用户体验。采用这种营销方式，企业可以突破行业的发展局限，为产品寻找更多的生存模式及更大的发展空间。

跨界营销打破了传统模式，为参与其中的企业带来了诸多益处，所以很多品牌和产品纷纷在这方面做出新的尝试，渴望创造出属于自己的爆品奇迹。智能手表是"智能"和"手表"两个不同领域联合创造出的产品，所以相较于很多产品，它本身就具有做跨界营销的天然优势。

作为产业结合的优秀成果，HUAWEI WATCH充分利用产业结合这一特点，开展了多项跨界营销活动，将其影响力顺利拓展到与之相关的诸多领域，这也成为推动其成为爆品的最后助力。HUAWEI WATCH先是与滴滴打车进行跨界合作，推出了"HUAWEI WATCH专车免费"活动，而后又分别跨界时尚圈、娱乐圈、体育圈等，一步步将跨界营销推向高潮。借助一系列的跨界营销活动，HUAWEI WATCH的设计理念、独特属性等内容得到了更为广泛的传播。

总而言之，HUAWEI WATCH的爆品之路是在高品质产品、强大的品牌、多元化的渠道以及各种营销活动的共同作用下完成的，这是一项综合各种因素的庞大工程，需要各方面的协调配合和共同努力。

第二章

头脑革命,开发颠覆传统的爆品思维模式

打造爆品,是一个庞大的系统工程,不仅需要爆品思维模式作为有力的支撑,还需要对各种资源进行优质组合和配置。爆品思维是多种思维的集合体,要想打造爆品,就必须进行一场头脑革命。只有颠覆传统,企业才能走出属于自己的路;只有以全新的视角去看待市场,企业才能发现更多打造爆品的可能。企业坚持以爆品思维去看待自己的产品,往往更容易打造出期待中的爆品。

爆品思维，是多种思维的集合体

对很多人来说，"爆品思维"并不是一个陌生的词语，它和互联网思维一样，几乎无处不在。要想成功打造爆品，就必须对爆品思维有所了解。甚至从某种意义上来说，"打造爆品"本身就是一种思维模式，是多种思维的集合体。

提及爆品，很多人头脑中浮现的第一个词语可能就是"畅销单品"。确实，市场上的很多单品在一段时间内引领风潮，成为一种消费现象，在短时间内为企业带来了颇为丰厚的利润。于是，几乎所有的企业都想打造出长期畅销的产品，为企业的持续发展奠定良好的基础。要想达到这一目的，企业必须坚持唯一的理念，坚持以爆品思维去思考、去抉择、去行动。

那么，爆品思维囊括了哪些思维？这些思维对爆品营销又有怎样的影响呢？

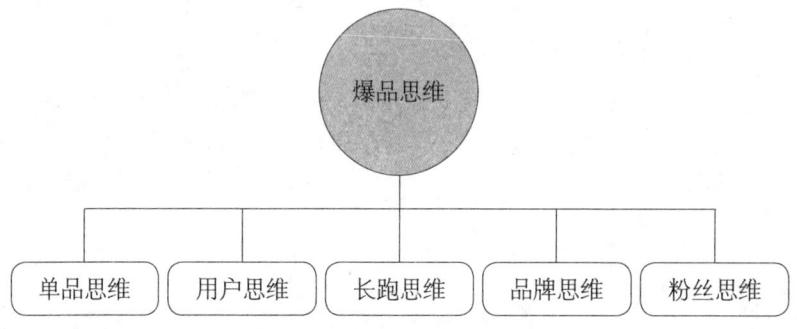

单品思维

我参加全国糖酒商品交易会时,发现绝大多数企业参加展览展出了数十款产品。你说要代理酸酸乳,该企业经理跟你说这里有;你说你们那里核桃乳卖得不错,他也能迅速地说有并拿给你看。你在会场中走下来,几乎每一家企业都有几十种市场上热门的产品。

在信息爆炸的时代,企业之间的竞争越来越激烈,也有很多企业深知"少就是多"的道理,为了打响名头,便想到了在爆品上做文章,希望通过爆品迅速提升知名度,赢得消费者的认可,并快速占领市场。

这种想法固然没错,但是爆品的打造并非朝夕之间的事情,它需要一个长期的过程。而且,打造爆品的前提是从单品出发。这是因为,消费者对一家企业的认知,往往是从某一件产品开始的。消费者先是认可某一款单品,继而才对生产单品的企业产生信任感。

毫不夸张地说,任何一家给消费者留下深刻印象的企业,都有自己赖以成名的流行单品,比如绿箭口香糖、吉列剃须刀、可口可乐等。尽管生产这些爆品的企业也有其他的产品,但是人们熟知的这些单品才是帮助企业打开市场的"股肱之臣"。

很多男士对吉列剃须刀十分熟悉,也常常使用这个产品。吉列公司生产的剃须系列产品,可以称得上是剃须领域的佼佼者。

吉列公司能够做出这么多引领市场的爆品,源于它对剃须产品的单一追求。吉列公司拥有众多的研发实验室,其中,尤曼实验室最为著名,它被称作"剃须技术的先祖"。这里的工作人员只关注跟剃须产品相关的三种事物:皮肤、须发和金属。

吉列公司一直坚持只做剃须产品,长期保持固定的商业模式,这让他们将简单的产品做到了极致。吉列公司之所以能够凭借剃须产品傲立于企业之林，与其单品思维有着紧密的联系。吉列公司将大量的经费用于研发，创造了一项又一项的行业第一，始终处于市场领先者的地位。

近年来，虽然吉列公司收购了很多公司，打火机、植物肥料等行业都有所涉猎，产品种类也变得丰富多样，但是能够称为爆品的产品依然只有吉列剃须刀。

以单品思维打造爆品，焦点更集中，资源也能得到更好的整合、利用，企业能够更轻松地打开市场，赢得客户。

用户思维

对企业而言，用户就是上帝。企业只有站在用户的角度思考问题，尽最大的努力去满足用户的需求，才有可能得到用户的认可。如果消费者想要的是塑形内衣，企业却研发出一款保暖内衣，那么毋庸置疑，企业注定会完败。

企业秉持用户思维去打造产品，才能找准消费者的痛点，以便更有针对性地满足消费者的需求，并精益求精地打造出适合消费者的、让消费者尖叫不断的产品，得到消费者的广泛认可和支持。这样的用户思维，不仅能为企业积攒良好的口碑，还能让企业在互联网时代保持强大的竞争力。

很多企业都知道要用用户思维，却不知道用户到底想要什么，于是请来了策划或调研公司去调查用户想什么。我跟乔布斯的观点是一样的：用户想什么是调查不出来的，应该通过人性的需求去洞察用户心理，只要现在的产品还不能满足用户需求，这也是通常大家所说的痛点，就容易成功。

对宝妈来说，3~7岁的孩子不睡觉是最头痛的事情。因为对孩子而言，不睡觉有害身体的健康成长；对宝妈而言，本来一天就够累的了，晚上还要被孩子折腾,简直快要崩溃了。

我们都知道,原来没有互联网与电视的"50、60、70后"都是听小喇叭长大的,一听到"嗒嘀嗒、嗒嘀嗒、嗒嘀嗒——嗒——嘀——小朋友,小喇叭节目开始广播啦"就搬着小板凳开始听故事,这也是当时当之无愧的爆品,而这节目成了时代的记忆。

如今,互联网的来临摧毁了这一切,时代的记忆开始缺失,于是,我在2017年10月投资策划并打造了一档音频节目——《睡吧小宝贝》儿童睡前故事。节目聘请国内顶尖的配音"大咖"、某卫视的少儿主持人邓子姐姐及资深的心理学家、教育家共同打造成中国最好听的睡前故事,再配以"每晚五分钟,认知大世界,亲爱的小宝贝,我是邓子姐姐,来跟我一起认知有趣的世界,赶快钻进被窝,闭上眼睛用心听"的情景旁白,成为数十万听众最喜欢的导语,差不多都成了"10后"孩子们的时代成长记忆,现在节目播放了数百万次,项目估值达到了3000万元,成为儿童睡前故事中的爆品。

长跑思维

任何一家只销售一款产品的企业,都面临着产品单一、无法满足客户个性化需求的问题。对很多初创企业而言,"一款单品打天下"的想法确实有些不切实际。毕竟,初创企业没有强大的品牌影响力,也没有足够优秀的销量数据作为支撑,往往很难得到消费者的认可。所以说,爆品思维的另一个重要思维——长跑思维,同样不可或缺。任何一家想要打造爆品的企业,都应该做好打持久战的准备。

红牛1995年在国内投资建厂,当时高达6元钱一瓶的红牛并不好卖,找寻到的经销商首批进货量要求才1000箱,还承诺卖不出去退货退款,整个广州地区1996年卖了不到1万箱,一箱100多元,1998年6万多箱,2010年达到了110万箱，2016年红牛在广州的销售收入接近10亿，全国有约200亿的销售额。如果当时红牛按现在的某些急功近利的企业，首批进货有要求，没有广告支持，也没有退款退货的长跑思维，肯定不能坚持到今天，更不可能成为能量饮料中的领导者。

互联网技术的高速发展，确实加快了产品的生产周期，传统企业以前需要用10年才能做到的事情，如今也许只要3年就能做到。这让很多企业产生了错觉，也让企业创始人从打造企业的第一天起，就决定摒弃传统企业的做法，追逐互联网时代的营销模式。但是，经过一系列的尝试之后，很多企业才蓦然发现，它们所做的一切并没能引爆网络，打造出想象中的爆品。

殊不知，无论到什么时候，产品的品质都是打造爆品的根本所在。在如今这个时代，消费者对品质的要求会越来越高。不去关注产品品质这个长期的保障，就想在一夜之间做出爆品，无异于痴人说梦。

日本中小企业追求年轮经营，美国老牌企业从来不想快速赚钱，这都是长跑思维的体现。在互联网时代，唯快不破，这里的"快"，并不单单指速度，而是"快速打造产品+精益求精地生产"。任何一款爆品的出现，都要经过一个相当漫长的过程，就像跑马拉松一样，选手比拼的并不是前面一段谁跑得更快，而是谁能坚持到终点。

品牌思维

我在2006年左右提出的独创性定义品牌概念，被策划同行普遍应用，"品牌是声名远播的影响力与值得信赖的好声誉"，也就是说品牌必须虚实结合。因为，我们每一个人都是品牌控，买的东西都是选品牌，例如，手机要选苹果、车子选宝马、包包选LV、手表选欧米伽……

企业打造爆品，不仅能带来直观的利润，还能获得良好的口碑，为品牌的建设和宣传做出极大的贡献。品牌一旦树立起来，消费者就会更加认可和喜爱这一品牌，这对市场的持续开发非常有利。

在购买坚果的时候，相信很多人都会想到"三只松鼠"这个品牌。

2012年6月，"三只松鼠"正式创立。不到半年时间，"三只松鼠"的"双11"单日销售额就已经轻松突破800万元。2013年1月，"三只松鼠"的单月销售额成功突破2000万元。2014年"双11"当天，"三只松鼠"的销售额达到了令人惊讶的1.02亿元。

"三只松鼠"能够得到如此迅猛的发展，与其对品牌思维的重视是分不开的。"三只松鼠"成立之初，通过碧根果这一单品迅速引爆市场，赢得了市场知名度。为了做大做强"三只松鼠"这个品牌，不断提升品牌号召力，"三只松鼠"采取了一系列的营销手段，使"三只松鼠"成了坚果市场的爆品。比如，让客服人员模仿松鼠与消费者进行交流，推出别具特色的三只松鼠卖萌手册，借助"双11"平台进行促销，等等。

经过这一系列的努力，"三只松鼠"成功地提高了知名度，获得了更大的市场。

"三只松鼠"对品牌建设的重视，决定了他们始终围绕品牌打造产品，开发市场，这让"三只松鼠"迅速走进了消费者的心里。

粉丝思维

在当今这个粉丝经济时代，任何一款爆品的出现，都离不开粉丝的支持和推广。对企业来说，粉丝不可或缺，所以注重粉丝思维就成为一种必然的选择。

在传统的营销模式下，企业往往会请明星代言，或是在报纸、杂志、电视等媒介上投放广告，以扩大产品的知名度。但是这种营销方式投资巨大不说，营销效果更是难以评估。随着互联网的迅猛发展，营销方式发生了翻天覆地的变化。如今，企业通常会在初期培养品牌的铁杆粉丝，在保证产品品质的前提下，通过与铁杆粉丝的互动，逐渐提升粉丝的忠诚度。

这些忠诚的粉丝是企业的一笔宝贵财富，因为他们会主动为企业的产品做宣传、造势，在"粉丝传路人→路人变粉丝→扩大的粉丝群再传路人→更多的路人变粉丝→……"的不断演变中，产品的传播速度得到了极大的提升，企业的良好口碑也随之建立起来。

所以说，粉丝思维的着力点在于培养粉丝和引爆社交营销，有了数量庞大的粉丝群体，企业的产品自然能赢得更多的关注，得到更广泛的传播。

"不可或缺"是爆品必备的属性

对企业而言，打造爆品是迅速提高企业知名度、赢得更多市场份额的优质途径，但是很多企业往往会在这个过程中做出一些错误的选择。最常见的一个错误就是，企业会从自己的角度出发，生产一些自认为有市场前景的产品，并希望将它打造成爆品。

渴望打造爆品是对的，希望企业有更大的发展空间也是美好的愿望，但是，如果只是遵从自己的想法，却不顾及消费者是否需要、市场是否认可，那么企业生产的产品很可能会面临无人问津的窘境。

任何一款产品的出现，都要从满足消费者需求的角度出发，只有成为消费者生活中不可或缺的一部分，产品才有生存的空间，才有成为爆品的可能。如果一款产品对消费者来说是可有可无的，就很难唤醒消费者的消费欲望，想要成为爆品也就无从谈起了。

人的消费活动大致可以分为两种：一种是必需消费，另一种是非必需消费。

在生活中，人们总是需要一些必需品来满足最基本的生存需求，如衣、食、住、行等。假如人们缺乏这些必需品，那么生存将会受到巨大的威胁，生活将会陷入困境，工作也将无法顺利展开。因此，对企业来说，盯紧消费者的必需品，并从中找到满足消费者基本需求的办法，往往更容易打造出爆品。

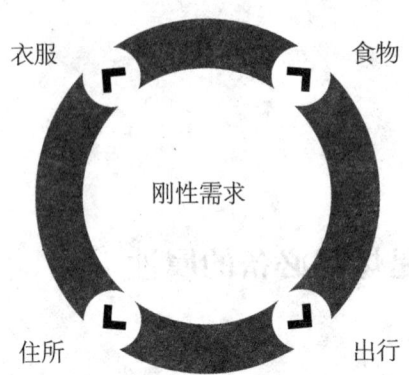

呷哺呷哺是一家发展迅速的餐饮企业，近年来在很多地方引发了消费热潮。

在呷哺呷哺消费，相信很多人都有这样的体验：在用餐时间段到呷哺呷哺吃饭，往往有为数不少的食客在排队等候。尤其是对年轻消费者而言，呷哺呷哺更是具有很大的吸引力。

呷哺呷哺之所以能够得到消费者的认可和追捧，并不单单因为它的性价比比较高、食材新鲜可口，还在于它抓住了人们离不开饮食这一基本需求。人们每天都要通过食物获取足够的能量及各种营养元素，而且随着生活水平的不断提高，人们已经不仅仅满足于填饱肚子，而是对食物的口感、进餐环境等有了更高的要求。

呷哺呷哺正是抓住了食物具备的"不可或缺"这一属性，通过为消费者提供优质的食物，让消费者胃口大开，进而对呷哺呷哺产生了较大的认同，最终为呷哺呷哺的迅猛发展提供了较为广阔的空间。

那些能够满足基本生活需要的产品，是人们生存下去的基本保障，所以会对消费者产生极大的吸引力。对消费者而言，必需品是不可或缺的，也就是说，无论何时，必需品的消费都会有一定的市场。企业如果能抓住这种刚性需求去打造爆品，则往往能够取得出人意料的良好效果。

细分市场，制造高频需求

这里提到的"高频"，就是指消费者的高频次需求。在单位时间内，消费者对某类产品的需求频率越高，说明这类产品的销量越大，消费者的关注度越高。如果企业能够针对消费者的高频需求去研发某种产品，那么消费潜力必定可观，成为爆品的可能性也就会大。

在某些情况下，企业或许会认为难以抓住消费者的高频需求。其实，企业完全可以尝试对行业和消费者进行细分。通过细分，企业可以发现一些之前难以察觉的高频需求，进而从被动接受转变为主动发掘，为打造爆品开拓新的可能。

行业细分：从低需求行业中挖掘高频需求

在研发产品的过程中，企业不仅可以直接针对消费者的高频需求，还可以从低频需求行业中挖掘高频需求。某些行业确实属于低频需求，但是如果能够巧妙地进行细分，企业完全可以从中挖掘出消费者的高频需求，甚至以此为基础开拓出一个全新的领域。

对于家电维修行业，很多人并不陌生，但是在某些人看来，它绝对是一个低频需求的行业，因为家用电器的损坏频率不高，没有谁家的电器会整天需要维修。这种看法并非没有道理，但是对这个行业细分之后，我们就会发现，电器的保养、清洁领域其实具有高频次的需求。

现代社会，人们生活压力大，时间比较紧张，精力十分有限。而电器的保养、清洁需要一定的专业技能，且耗时费力，很多年轻人，尤其是"80后"和"90后"群体更愿意将这些问题交给专业人士去解决。"80后"和"90后"群体的经济实力较强，对生活品质的要求也比较高，称得上是这个细分市场的消费主力军。

正是抓住了"80后"和"90后"群体的这一高频次需求，"修哪儿"O2O服务平台上线了。"修哪儿"不仅提供电器维修服务，还为用户提供家电的保养和清洁服务，成功地从传统的低频需求行业中挖掘出了高频需求。

2015年3月，"修哪儿"的微信公众平台正式上线，在这之后，"修哪儿"受到越来越多的粉丝的关注，到2016年年初，粉丝数量已经增加到了30万以上。在用户提交的订单中，70%以上都是对电器的日常保养服务。

可见，并不是现有市场上机会寥寥，而是很多企业并没有对市场进行深入的调查，没能挖掘出消费者的高频需求。当然，对行业进行细分确实不是一件简单的事情，细分者不仅要对市场有充分的了解，还要具有敏锐的眼光。毫不夸张地说，对很多企业而言，这是非常重要的一课，应该及时补上。

消费者细分：从小众群体中挖掘高频需求

就现实而言，消费者普遍性的高频需求确实不好把握，既然如此，企业不妨将消费者进行细分，从小众群体中挖掘出高频需求。

相对大众消费而言，小众群体对某种产品的需求确实比较小，表面看来，似乎无法从他们那里得到太多的利益。然而，实际情况并非如此。虽然小众群体的人数较少,但是对产品的需求频次很高,综合来看,销售数量依然十分可观。如果企业能够抓住这类小众群体的高频需求,有针对性地开发产品,相信也能打造出属于自己的爆品。

"楼下100"是一个外卖O2O平台,主要服务对象是那些抽不出时间去实体店消费的女性及整日在办公室忙碌的白领。它为这一小众群体提供订购和配送的一体化服务,主要业务是下午茶上门服务。为了让消费者得到更好的消费体验,提升满意度,"楼下100"特意推出了极速送达服务,保证上海中环以内的用户在下单后1个小时之内享用到订购的美食。

"楼下100"的创始人季晓杨经过深入的市场调研发现,消费者对下午茶有需求的原因一般有两个:一是肚子饿了,要吃东西填饱肚子;二是要谈事情,需要咖啡之类的东西作为辅助。季晓杨认为,尽管"楼下100"无法将谈事情所需的一切要素都搬到办公室里,但是能将实体店售卖的咖啡送到消费者手中,而且价格比实体店更加优惠。

"楼下100"就是用这种方式来满足某些用户的需求,当他们想要喝下午茶却又没有时间到实体店消费的时候,自然而然就会想到"楼下100"。这个消费群体虽然人数不多,但是他们几乎每天都会喝下午茶,所以"楼下100"的人气一直都很旺。

"楼下100"不卖炸鸡、盖饭等快餐,而是主营下午茶,几款精美细致的小点心,几类香气四溢的咖啡,再加上一些生鲜水果、坚果和进口食品等,已经能够满足很多消费者对于下午茶的需求。它的成功,源于创始人季晓杨对消费者的细分,从小众群体中发现了高频需求,也创造了新的市场和商机。

利用数据,发掘制造爆品的可能

随着互联网技术的迅猛发展,各种各样的数据越来越丰富,获取消费者数据的渠道也越来越多,企业完全可以通过数据来分析用户,根据不同的需求将他们分成不同的群体,以便为用户提供更有针对性的产品和服务。

挖掘消费者的最大需求

借助收集到的与消费者相关的数据,企业可以对消费者的消费倾向进行深入分析,以确定消费者需求最大的产品类型和消费领域,进而有针对性地进行产品设计和生产,并采取能让消费者满意的服务方案。这样一来,企业推出的产品和服务自然能够最大限度地契合消费者的需求,也就顺理成章地拥有了爆品的基因。

2011年,李伟文创建了自己的公司,主要生产和销售连接器。这种产品位于产业链的末端,市场需求不多,再加上一些大公司的竞争,李伟文从创业的第一天起就感受到了巨大的压力。

经过一年的努力,李伟文的公司盈利并不多,这让他开始调整自己的思路。通过对消费者行为数据的分析,李伟文发现视频连接线的需求有很大的增长空间。当时,视频连接线正迅速普及,但是生产视频连接线的厂家寥寥无几,可以说,这个行业不仅前景光明,而且竞争不是很激烈。鉴于这种情况,李伟文便和几个合伙人商议了一下,几个人一致决定转型做视频连接线。

最初,李伟文的公司只有40多名工人,平均每天生产的连接线还不到2000根,但是,这些产品为李伟文带来的利润是惊人的。随着业务的逐渐扩大,公司的年营业额也不断攀升,从最初的800万元,迅速增长到3600万元。短短几年时间,李伟文就将公司的视频连接线业务做到了行业第一,并与小米、OPPO等手机生产企业展开了良好的合作。

根据视频连接线成功的经验,李伟文又开始通过网络收集新的消费数据,这一次,他发现消费者对自拍杆的需求非常大,于是又增加了自拍杆的业务。李伟文接到的第一笔自拍杆订单金额是5万元,尽管交货时间很紧,但是所有人齐心协力,最终如期交货。在这之后,订单便源源不断地到来,李伟文生产的自拍杆彻底火了。如今,李伟文公司生产的自拍杆已经贴上了各种品牌的logo,在天猫、亚马逊等平台销售火爆,成为不折不扣的一款爆品。

消费者的需求,往往会通过消费数据反映出来,收集、整理并建立消费数据库,对企业来说至关重要。消费数据相对直观、真实,借助数据去挖掘消费者的最大需求,往往对打造爆品有着十分积极的引导作用。

分析目标消费群体的喜好

企业不仅可以借助消费数据进行宏观上的需求分析,还可以从中分析出消费群体的喜好,精准地发现消费者的关注重点以及他们对产品的其他需求。

一旦企业抓住了消费者的喜好，便可以从细节方面对产品进行改进，或是设计出更能吸引消费者的亮点，从而让产品在目标消费群体中的人气变得更旺。

可口可乐公司对消费数据十分重视，通过大数据分析，时常在产品包装方面想出一些很好的创意。

比如，可口可乐公司依托大数据分析，发现时下有很多年轻人对音乐十分痴迷。他们认为，年轻人对音乐的需求是一个可以深挖的卖点，设计巧妙的话，不仅能让产品更加具有个性，还能满足年轻消费者对音乐的需求。抓住这一卖点，可口可乐公司推出了颇具创意的"歌词瓶"，将许多耳熟能详的歌词印在了可乐瓶和易拉罐上。

一时间，印着"超越自己才是成功""阳光总在风雨后""至少还有你""最初的梦想绝对会到达"等歌词的可口可乐吸引了无数年轻人的眼球，迅速风靡市场。

消费者的爱好和兴趣，是促使消费者做出购买决定的重要因素之一。对想要打造爆品的企业而言，只有透过数据表象挖掘消费者真正的喜好，才能研发出更受消费者欢迎的产品，为打造爆品创造更多的可能。

现代社会，"大数据"已经成为人们都很熟悉的一个词语。任何一家立志打造爆品的企业，都不能忽视数据的作用。通过数据分析，企业往往能够发现很多隐藏在数据背后的秘密。以数据为基础，透过数据发掘制造爆品的可能，是一种新型的思维方式，也是爆品思维不可或缺的组成部分。

不追时髦,深耕产品

在人人追求爆品的社会,很多企业对爆品的追求已经到了痴迷的地步。从创业的第一天起,企业创始人便将打造爆品视为快速发展的绝佳途径,并为打造爆品不懈努力,乐此不疲。

在很多人的意识中,爆品就意味着绝对的利润,只要爆品出现,利润、口碑、粉丝等都会紧随而来。殊不知,过早出现的爆品或许能给企业在短期内带来利润,但是就长期而言,并不一定是件好事。原因在于,在创业之初就打造出一款爆品,企业就会在追求爆品的道路上一路飞奔,因而忽视爆品体系的搭建。如果真的出现这种情况,企业就很有可能走进打造爆品的死胡同,遭遇灭顶之灾。

在日本的中小企业中,有一条叫作"年轮经营"的法则,它告诉我们,盲目追求时髦并不能给企业带来持久的发展。所以说,想要打造爆品,第一件不能做的事情就是跟风。

当然,不跟风并不等于逆势而为,也不是要求所有的企业都去开发新的市场,而是希望企业深耕产品,去做一些别人没做到的事情,逐渐完善企业的各种体系。有了这样的愿景,企业便向爆品思维又走近了一步。

杜邦公司所取得的成就,与其经营理念有着十分密切的关系。阿尔弗雷德三兄弟始终秉持"赚有耐心的钱"这一理念，为杜邦公司的长期发展注入了精神动力。

杜邦公司在全美率先建立了专门用于研发的东部实验室和实验站，它们也成了杜邦公司屹立不倒的坚实根基。阿尔弗雷德三兄弟认为，化学发现就像是在一次家族聚会中将所有的陌生人聚集在一起，化学元素之间是相互关联的，杜邦要做的就是找出它们之间的关联，最终的结果一定是制造出前景良好、能够带来利润的产品。

杜邦公司就是这样坚持对产品进行更多研究和投入，坚持耐心地赚钱，正是在这种理念的支撑下，杜邦公司取得了一个又一个令人惊叹的成就。

1930年，杜邦公司发明了人类历史上第一种工业化生产的合成橡胶；1938年，杜邦公司生产出尼龙，这种材料最早被用于制造长筒丝袜；如今，商业化生产的40多种聚合物中，大约有75%都是杜邦公司发明的。

在爆品思维模式中，紧追时髦是企业长期发展的大忌。过度追求爆品的利润，而忽视了产品的品质及企业的体系建造，企业将无法为长期的"爆红"提供有力支撑。而且，企业跟着时髦打造产品，往往只能占据小部分的市场，无法成为行业的领头羊。

福特先生在自己的回忆录中写道："创业之初，我们没有任何'有利'条件，几乎是白手起家。我们所拥有的一切，都是靠自己挣来的，是通过不懈努力和对原则的坚持挣来的。不玩把戏，也没有花言巧语，我们将本来被看作奢侈品的汽车，变成了生活必需品。当我们开始制造如今的这种汽车时，整个国家都没有几条像样的公路，汽油也很稀缺，而且人们已经认定汽车顶多是有钱人的玩物而已。我们唯一的优势，便是我们并没有先例可循。"福特汽车之所以能够成为一款爆品，"没有先例可循"是非常重要的一点。企业不追时髦，不去跟风，才能打造出与众不同的产品，才能拓展新的领域，引领新的潮流。

这样做，轻松拥有爆品思维

在商业上，有一些老生常谈的说法，比如趋势、流量等。这些概念对一些人来说不足为奇，但是并不是所有人都能参透其中的真谛。拿流量来说，无论是祖辈们挑着东西沿街叫卖，还是老一辈企业家在酒桌上谈生意，抑或是当下十分流行的粉丝营销，其核心都是引流。这告诉了大家十分重要的一点——营销过程中需要找准流量，有了流量也就有了生意。

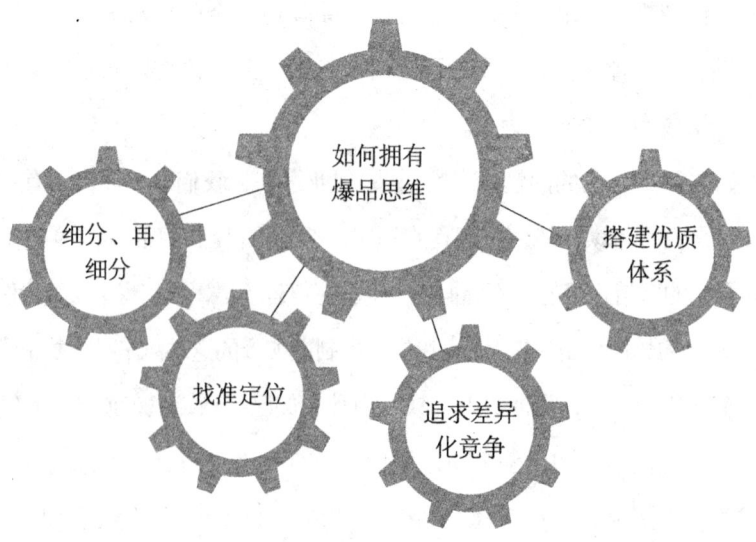

细分、再细分

沃伦·贝格尔的《绝佳提问》中有这样一段话:"商业领袖都很善于运用一种提问系统,实际上他们是在提问中不断质疑,不断改进,进而接近商业的本质。"想要拥有爆品思维,进而打造一款爆品,必须要从提问入手。

公司通过提问,可以探寻愿景和使命,可以找到发展方向,可以确定打造爆品的实施步骤,可以发现存在的问题,等等。要知道,一款爆品的出现,是很多因素综合而成的结果,公司只有用质疑的眼光去看待产品,才能为消费者提供更好的消费体验。

通常而言,那些采取"跟风"战略的公司注定无法获得巨大的成功。想要颠覆消费者的观念,生产出让消费者摒弃既有选择的产品,仅靠"跟风"几乎是无法实现的。

在这种情况下,公司想要打造爆品,就只能对市场细分、再细分。公司只有在更细分的市场里找到商机,才有可能打造出爆品。

2012年,褚时健选择冰糖橙这个细分市场作为突破口,这对"褚橙"日后的火爆起到了十分重要的推动作用。

在爆品思维中,越是细分的领域,越有市场。很多人都喜欢吃橙子,但是对橙子的具体分类和品牌并不是十分了解。具体到冰糖橙这个品类,当时市场上只有一些很小的地方品牌,还没有真正的市场引领者。因此,褚时健相信,只要能在这个领域打响名头,就会在市场上引爆一股潮流。

褚时健通过细分,找到了想要做大的领域,再加上产品优良的品质,很快便将"褚橙"打造成一款备受欢迎的爆品。

从褚时健的成功案例中,我们不难看出,想要做出爆品,找到更细分的市场很重要。在更细分的市场中找到客户的需求，往往定位更准，针对性更强，能够成功的可能性也就更大。

找准定位

拥有爆品思维，目的就是打造爆品，成为市场的引领者。要做到这一点，找准自己的定位就变得很重要。如果从一开始定位就错了，就很可能在错误的道路一路向前，将自己逼进死胡同。

像小米一样能够迅速崛起的公司，通常在创业之初便对公司的定位及未来的发展方向有着十分清晰的认识。这为公司日后的发展指明了方向，确保公司不会脱离正确的轨道。

追求差异化竞争

在如今这个信息大爆炸的时代，互联网上的各种信息以极快的速度进行传播，一款爆品出现之后，往往会出现很多跟风的产品。跟风公司或许可以在有限的市场中分得一杯羹，但是想要打造爆品殊为不易。跟风也不利于公司的长期发展。

没有任何一项调查能够显示，"不按常规出牌"的公司一定是不符合商业逻辑的，也没有任何一项调查可以表明，另辟蹊径的公司就一定能够成功。但是想要打造爆品的公司应该知道，差异化竞争是公司取得突破的重要路径，是从数以万计的公司中脱颖而出的极佳选择。

通常而言，卓越的企业家都喜欢打破常规，摆脱传统经验的束缚。做第一个吃螃蟹的人，当然要面临较大的风险，但是高风险蕴藏着好机遇，也就多了打造爆品的可能。

搭建优质体系

在打造爆品的整个过程中，体系在默默发挥着巨大的作用。甚至可以说，体系是否健康关系着爆品能否持续火爆下去。

2015年，许多做生鲜的公司纷纷倒闭，原因就在于它们忽视了体系的建设，认为卖农产品是一件很容易的事情，没想到，随着订单的增多，公司体系难以承受，无法正常运转，最终只能接受倒闭的命运。

对公司而言，猛增的销量和火爆的销售情况，是让人喜闻乐见的，但是，如果没有优质的体系，这些让人欢喜的情况只能是昙花一现。一个成熟的企业家，对市场占有率会有所追求，但是并不会执着于此，他关心得更多的是稳健运营体系的搭建。

【案例】360路由器：周鸿祎的爆品思维

一款爆品的出现，是多种因素综合而成的效果展现，所以在打造爆品的过程中，需要通盘考虑各种因素。比如，设置怎样的功能才能满足消费者的潜在需求？通过怎样的方式将产品信息精准高效地传递给消费者？等等。

360大户型路由器上线不到半年，就已经取得了上百万台销量的成绩，堪称一款经典爆品。那么，从360路由器的引爆历程中，我们能学到些什么呢？

过硬的品质是爆品的必备基因

任何一款产品，能够引爆市场的最基本条件就是具有过硬的品质。然而，很多互联网企业并没有认识到这一点，而是将营销推广放在重要位置，在这方面倾注很多的时间和精力。还有些企业在学习互联网思维时出现了一些偏差，只关注一些表面现象，为消费者提供一些华而不实的产品或服务。尽管消费者在最初接触时感觉眼前一亮，但是真正使用产品或体验服务之后，马上就会产生巨大的失望情绪。这种巨大的心理落差会让消费者对企业产生较低的评价，导致企业在消费者心中的地位迅速下滑。

360公司意识到了品质对产品的重要性后，就与深圳市磊科实业有限公司共同出资成立新的公司，致力于360路由器的研发和生产。为了追求高端品质，该公司在生产路由器的过程中投入了巨大的人力、财力和时间，不断对产品进行优化调整。以360大户型安全路由器P1产品为例，这款路由器前后经过了近50次的优化改善之后，才被投入市场。

用跨界思维打造产品

很多互联网企业做硬件产品并不成功，主要原因就在于他们没有认识到硬件产品和软件产品之间的差异，常常用做软件产品的思维来做硬件产品。

360公司则摆脱了这个误区，对软件产品和硬件产品的区别有着清晰的认识。

360公司明白，软件产品大部分靠免费来吸引消费者，产生用户流量，人们下载软件几乎不用耗费任何成本。尽管做软件需要考虑用户界面优化、产品功能、流畅性及稳定性等方面的问题，但是软件更新换代的速度相对较快，只要能够满足消费者的某种主要需求，即使在其他方面存在一些瑕疵，消费者也能容忍，毕竟他们想什么时候卸载都可以。

但是硬件产品绝对不是这样的，消费者购买硬件产品之后，通常很难对其进行改造。想让消费者掏腰包，公司必须要在产品的外观、材质等方面下足功夫。在产品同质化日益严重的今天，产品的外观、材质将在很大程度上决定一款产品能否吸引消费者的眼球。

360公司很清楚既有市场上有很多不同款式、不同类型的路由器，想要打造爆品并非易事。于是，公司运用跨界思维，以苹果笔记本作为参照物，打造出拥有精美外观和优良品质的路由器，一举赢得了市场及消费者的好评。

找到消费者关注的重点

消费者花钱购买产品，自然会对产品有自己的诉求，无论是希望产品能对自己的生活、工作等有比较实际的意义，还是希望在消费过程中得到较好的体验，总之都会有一个自己关注的重点。企业需要做的，就是找到这个关注重点，并将它作为打造爆品的切入点。

360公司打造路由器，追求的是较高的性价比及良好的用户体验。

首先，为大户型路由器定价时，360公司在尽量提升产品品质的同时，力求将价格压到最低。毕竟这款产品是面向普通家庭用户的，价格过高的话，很难吸引消费者。

其次，360公司希望给消费者带去最真实的消费体验，所以要求产品功能可以被消费者感知到。对于路由器，人们比较关心的是覆盖范围、稳定性、穿墙能力等，这几点也就成为360公司着重宣传的卖点。

当然，360公司在最初打造路由器产品的时候也犯过错误，没有找准消费者的关注点。在生产第一代路由器时，公司将"低辐射"作为宣传重点，但是路由器产生的辐射微乎其微，很少有消费者关注它，所以这款路由器很难引起消费者的共鸣。

不过，有一个消费群体——孕妇群体——对"低辐射"这一卖点十分看重，可是用户在使用路由器时，却发现信号相当微弱。由此，360公司认识到了自己的错误，无论辐射有多低，如果信号不强，路由器就失去了存在的价值，消费者自然不会对它产生购买欲望。

认识到这一点之后，360公司便始终将路由器的信号强度作为提升的重点，时至今日，360路由器的信号强度已经提升到了行业的顶级水平。

高端品质、跨界思维、消费者的关注重点这3个部分构成了周鸿祎打造360路由器的关键所在。3个部分紧密结合，互相支撑，最终使得360大户型路由器横空出世，引爆市场，创造了又一个爆品奇迹。

夯实基础，找准痛点

就打造爆品而言，找准消费者的痛点是其基础和核心所在。能够找到的痛点越大，市场上的机会就越大。一款没有找准消费者痛点的产品，无论拥有多少吸引人眼球的卖点，无论蕴含多么感人至深的情怀，无论具备多么精巧细致的做工，都无法让消费者为之怦然心动。毕竟，消费者需要的产品才会有市场，击中消费者痛点的产品才能让消费者产生购买欲望，才有成为爆品的可能。

什么是消费者的痛点

在互联网时代,我们常常听到"痛点"这个词,许多企业都以找到或者挖掘消费者的痛点作为最大的目标。那么,消费者的痛点究竟是什么呢?

所谓痛点,就是消费者最想得到满足的需求点。从另一个角度来理解,正因为痛点难以满足,所以它恰恰是给消费者带来不良消费体验的点。企业要做的,就是找到消费者的这些痛点,并通过自己的产品或服务,帮消费者消除痛点,使消费者免遭不良情绪的侵袭。

在实践中,消费者的痛点分为核心痛点和外围痛点。

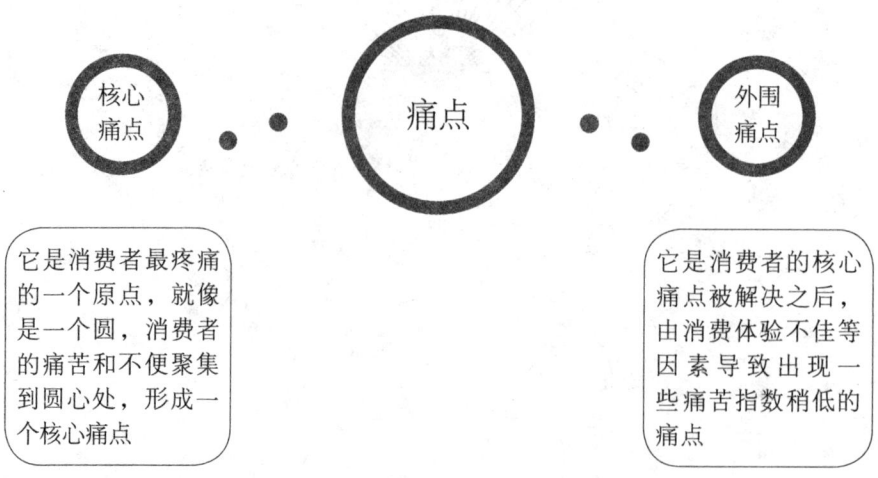

下面举几个简单的例子，来说明一下核心痛点与外围痛点的关系。

盘式蚊香的发明，解决了人们被蚊虫叮咬的核心痛点，但是随之出现了蚊香不易掰开的外围痛点；空调的发明，解决了人们遭受高温折磨的核心痛点，但是随之出现了"空调病"的外围痛点；坐便器的发明，解决了人们如厕不适的核心痛点，但是随之出现了因多人共用而使卫生不佳的外围痛点。

可以说，每一个核心痛点的解决，都会衍生出相应的外围痛点，两者有着十分紧密的联系。当然，两者相较而言，消费者显然更加关注核心痛点，所以企业要做的，就是努力挖掘核心痛点，并尽量将其消除。

毫不夸张地说，想要打造一款爆品，找到消费者的核心痛点是非常重要的，这是每家企业都要解决的核心问题。

比如，"滴滴打车"自问世以来，不断对业务模式进行升级和更新：滴滴出租车、滴滴专车、滴滴快车、滴滴代驾、滴滴拼车，等等。每一次进行升级，"滴滴打车"都能迅速得到消费者的欢迎和认可，究其原因，就是因为抓住了消费者的痛点——出行难，打车难。

对消费者而言，痛点总是让人不快，期望灭之而后快；对企业而言，痛点则是机会，找到痛点才有打造爆品的可能。

我做策划20年，可以说是行业资深策划人了，在帮助企业找到痛点之外，也为自己的行业与公司找到痛点，从而引爆整个行业。

2004年创办响法时，企业主对策划的接受程度并不高，但我们的易执行、易见效的"响法"理念一亮相就受到了企业主的好评。虽然我们有"不先提案、不比稿"等创造性要求，但仍然有很多的客户找上门。

随着竞争加剧，2010年业务受到一定影响，我们响法率先提出"方案不满意退款"的承诺，迅速抓住企业老板的痛点，让他们知道我们是一家负责任的策划公司，以致我们接业务接到手软。

2018年11月,实体企业经营困难,我们将响法升级成"响法大师",打出"大企业要活下去,小企业要杀出去"的理念,誓言要颠覆整个策划行业,并且投入200多万元将形象广告刊登到了《南方航空》杂志上,承诺"如果达不成约定的结果100%退全款",成为全国第一家愿对策划结果负责的策划公司,再一次吸引了无数企业的关注与洽谈。

找到痛点是打造爆品的基础

找准痛点对打造爆品的重要性，相信大家都已经耳熟能详，在此就没必要再一一赘述了。企业应该明白，互联网时代已经不是企业生产什么消费者就买什么的时代了，而是消费者需要什么企业就要生产什么的时代。

只有找到消费者的痛点，满足消费者的需求，消费者才会关注产品，产品才能获得较高的销量。那么，应该怎样找到消费者的痛点呢？

善于洞察和分析消费行为	企业只有深入了解客户的需求，才能精准地找到客户的核心痛点，为打造爆品创造基础条件
对产品和服务做到烂熟于心	深刻了解产品的构成、性能等细节，做一个可信度较高的产品介绍，才能有效吸引客户，为打造爆品创造可能
充分了解竞争对手的情况	了解竞争产品的情况，通过对比掌握自己产品的优势和劣势，以便更有针对性地做好营销
深入场景进行亲身体验	想要找到客户的痛点，企业必须深入实际，亲自到产品使用的场景中去感受和体会。如果仅靠想象，找到的就很可能是伪痛点
从客户的抱怨中寻找痛点	客户产生抱怨，无非是因为他们的某些需求无法通过购买的产品得到满足。对企业而言，找到客户抱怨的原因所在，也就等于找到了痛点。帮他们解决问题，就为打造爆品创造了可能

实际上，很多企业不但用上述几种方法寻找到了消费者的痛点，还形成了一套属于自己的探寻体系，如问卷访问法、二八法则、焦点小组等。然而，即便有体系做支撑，有些企业依然无法找到消费者的核心痛点，这是为什么呢？

原因在于，传统模式的市场对产品力的要求并不是很高，产品能做到60分，渠道做到90分，产品就能轻松占领市场。企业只关注消费者的关键需求，而不注重对消费者需求的深度挖掘，这种诉求反映在产品上，两个字就可以概括，那就是"粗糙"。

但是，在如今的市场中，消费者的需求才是企业生产产品的风向标。企业只有努力挖掘消费者的痛点，将产品力做到100分甚至120分，产品才有可能引爆市场。

可见，企业想要在现代市场上站稳脚跟甚至打造爆品，就应该主动适应市场的需求，主动挖掘消费者的痛点，根据痛点生产出的产品，才能打动消费者，才有成为爆品的可能。所以说，将找到消费者的痛点看作打造爆品的基础，一点儿都不为过。

客户痛点的界定原则

痛点是打造爆品的基础，寻找核心痛点是企业打造爆品的关键所在。在竞争激烈的市场上，那些表面上的痛点往往已经被很多企业发现并加以利用，这无疑给企业打造爆品增加了很多困难。

实际上，换个角度想一想，大家都能发现的痛点，其实已经算不上真正的痛点了。那些不易被挖掘的深层次痛点，往往隐藏着客户最真实、最迫切的需求。想要找到这类痛点，企业必须和客户保持相同的思维高度。

在挖掘客户的痛点时，我们经常要问这样几个问题：产品的目标客户群体是哪些？产品能够满足客户的哪些强烈要求？产品能给客户带来什么价值？

从中不难看出，对客户痛点的界定包括以下3部分内容。

痛点界定
- 界定核心客户群体
- 界定客户的核心需求
- 界定产品的核心价值

界定核心客户群体

生产一款产品之前，企业首先要清晰地界定核心客户群体，然后根据核心客户的特点和需求，进行有针对性的研发和营销。这样一来，企业就能够迅速抓住客户的眼球，为产品成功打开市场做好前期准备。只有赢得客户的认同，产品才能引爆市场，成为爆品。

界定客户的核心需求

客户的核心需求，往往是他们最想得到满足的需求，是他们做出购买决定的主要动力。企业必须思考如何更好地界定客户的核心需求，在打造产品之前，企业要从深层挖掘客户的需求，并从客户的诸多需求中找到核心所在，并努力满足其核心需求。唯有如此，客户才能产生购买的欲望。

界定产品的核心价值

在研发产品的过程中，企业需要清晰地认识到产品的核心价值。生产的产品有什么优势？能为客户带来怎样的消费体验？能给客户带来实用价值还是精神享受？对于这些问题，企业应该有明确的答案。客户购买产品，通常是为了满足自己的某种需求。当产品的核心价值能够帮客户实现这一目标时，客户自然愿意花钱购买。

综上所述，对客户痛点的界定并不是一项简单的工作，而是需要综合各种因素才能做出判断。这项工作虽然繁杂，但是一旦成功地找到客户的痛点，企业就等于是找到了一棵摇钱树。

找风口：站在风口，猪也能飞起来

"风口"一词，来自小米创始人雷军的话："站在风口，猪也能飞起来。"

企业想要精准地找到痛点，就必须先找准风口。那么，如何才能找到风口呢？

在过去，有些创始人选择看新闻，通过了解国家相关政策及国内外的市场动向来寻找风口。这一方法如今仍然可以使用，只是能不能找到风口，就要看创始人的运气了。

就如今的市场而言，想要找到风口，还是要从痛点思维的角度去思考。实际上，找风口就是找国民性痛点，要找的是大多数国民最痛的需求点。在互联网时代，谁能找到一个国民性的痛点，谁就能迅速打造一款爆品。

Snapchat的创始人是一个"90后"，名叫埃文·斯皮格尔。在腾讯首席执行官马化腾看来，他是一个"心腹大患"般的年轻创业者。

斯皮格尔的公司市值早就超过了100亿美元，而他个人的资产也达到了惊人的15亿美元，更让人吃惊的是，他在23岁那年就成了世界上最年轻的亿万富翁。斯皮格尔之所以能够取得如此成就，全在于他做了一款名叫"Snapchat"的图片沟通工具。在中国，它被翻译成"阅后即焚"。

给朋友发送一张照片，对方看完之后几秒钟照片就会被系统自动删除，而且对方在看照片的时候还要用手指一直按着照片。这样设置是为了防止照片被截图。万一真的被截图，Snapchat会自动向照片发送者发出警告：后果自负。

对于这款爆品，很多人用"点杀"这个词来形容。"点杀"是足球比赛中常用的一个术语，意思是比赛中的一方依靠点球战胜对方的结果。但是在这里，"点杀"变成了一个网络用语，意思是说将产品的一个单点做到极致，同样可以绝杀对手，引爆整个市场。

在传统工业时代，仅仅依靠一个单点确实难以在竞争中胜出，但是在互联网时代，单点切入已经成为很多企业的优先选择。斯皮格尔能够取得如今的成就，就在于他抓住了"阅后即焚"这一单点。

Snapchat出名之后，脸书的创始人扎克伯格和谷歌公司都曾希望收购它，但是斯皮格尔全都拒绝了。有人觉得扎克伯格疯了，因为Snapchat根本没有一分钱的收入，更有人觉得斯皮格尔疯了，这么好的机会竟然被他直接拒绝。

斯皮格尔并不是疯了，他只是很清楚Snapchat已经牢牢抓住了一个国民性痛点：年轻人的社交图片分享。抓住这个痛点将产品做到极致，就永远不会被别人超越，Snapchat将长期处于行业领头羊的位置，其价值是难以估量的。

为什么斯皮格尔有这么大的自信？因为Snapchat具有的阅后即焚及禁止截图功能，帮用户解决了后顾之忧，用户发完图片之后，完全不必担心图片会在未来的某个时刻给自己带来巨大的困扰。

Snapchat拥有两大痛点人群：一是高中生群体，二是女性群体。

统计结果显示，上午9点到下午3点是Snapchat的使用高峰期，而这恰好是学生上课的时间。美国的一些高中禁止学生在上课期间使用脸书，所以Snapchat迅速在高中校园风靡。学生们可以在课堂上随意地发送图片，而又不用担心会被老师找到证据。

Snapchat的用户中，大约有70%是女性。其中一个重要的原因是，很多女性喜欢自拍，而且喜欢将照片发布到网上，这在全球都是一个普遍现象。Snapchat的出现，显著降低了女性上传自拍照的心理压力，这样既展现了自己的风采，又不会被人反复评论。

更重要的是，Snapchat让使用者的好奇心不断放大，只要玩起来就很难停下。相关数据显示，目前Snapchat每天的照片发送量高达4亿次，几乎等于脸书和推特每天上传照片的总量。虽然脸书和推特已经增加了阅后即焚功能，但是并没有对Snapchat产生本质上的冲击。为什么？因为斯皮格尔把阅后即焚这个单点做得太极致、太完美了，以至于每当人们想要发送图片的时候，首先想到的就是Snapchat。

毋庸置疑，Snapchat是一款十分典型的风口性产品。它的成功之处，就在于它抓住了图片分享这一国民性痛点，并把熟人之间的这种爆料性沟通做得痛感十足，用户只要参与其中，通常就难以自拔。

那么，对企业而言，如何才能找到风口呢？一般而言，有如下3种方法。

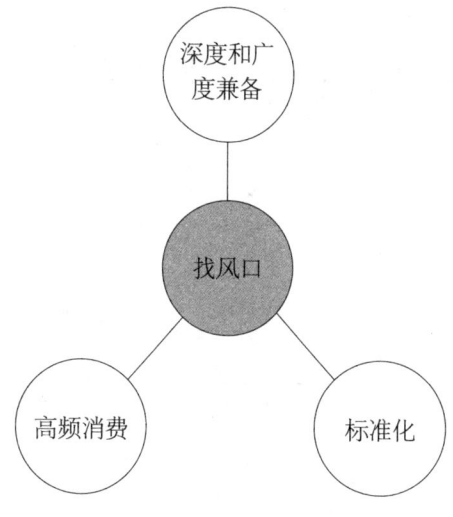

深度和广度兼备

风口性产品的深度和广度都应该是很大的,这样成功的可能性才更大。许多初次创业的人,喜欢从衣食住行方面着手,就是因为这些行业深度和广度兼备,而且它们衍生出的产品潜力和市场前景都被看好。可以说,这一点是打造爆品的关键。

高频消费

产品的消费频率,对于产品能否成为爆品具有决定性的作用。消费频率越高,产品的销量越大,成为爆品的可能性自然也就越大。即便产品的单价相对较低,只要消费量足够大,那么整体利润也会十分可观。毫不夸张地说,找到了用户高频消费的需求点,就等于找到了打开爆品之门的钥匙。

标准化

这里所说的标准化,是针对非标品而言的,因为许多传统的线下产品都是非标品。想要将这些产品做成标准化产品,确实很有难度,但是对于打造爆品是非常关键的。

从标准化的角度来看的话,通常可以把产品分为以下3类。

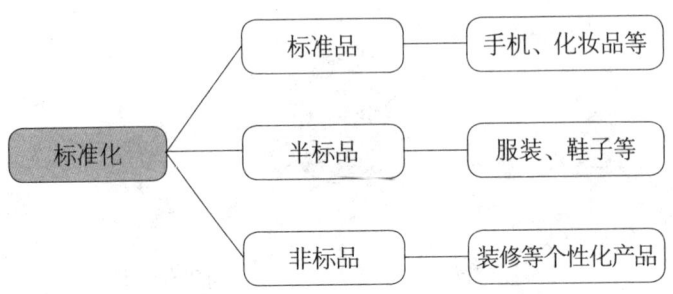

紧追一级痛点，不在二、三、四级痛点浪费时间

打造爆品的关键在于找到风口，但是找到风口就能确保打造出爆品吗？也不尽然。

在实践中，有些找到风口的公司，不仅没能打造出爆品，反而要面临倒闭的窘境。比如，很多企业都知道O2O是一个风口，但是真正能做好的却没有几家。这是为什么呢？因为企业虽然找到了风口，但是没能做出留住用户的产品。

客户之所以被产品吸引，是因为产品触到了他们的痛点。但是，只有那些最深处的痛点，才能让客户有最深的体会，才能最有效地增加客户的黏性。

通常来说，寻找客户痛点的关键在于"寻找一级痛点"。

那么，什么是客户的一级痛点呢？

客户的痛点，也是分等级的。它们像一个金字塔一样，从低到高层层叠加起来。位于金字塔顶端的，就是客户的一级痛点，往下依次是二级痛点、三级痛点、四级痛点、五级痛点……一级痛点是客户需求最为强烈的点，也是促使客户产生购买行为最重要的一点。

提起余额宝，相信很多人耳熟能详。

2013年6月，余额宝正式上线，没想到在短短5个月的时间里，它就让之

前年年亏损的天弘基金迈进了资金规模全国前十的行列。一年之后，余额宝的用户数量突破1亿。两年之后，余额宝的资金规模突破7000亿元，成为全球第二大货币基金。

实际上，余额宝在上线之初，并不被人重视。然而，余额宝之后的爆炸性发展，说明它切实抓住了客户的一级痛点——草根人群也能理财。

从某种程度上说，余额宝消除了草根人群的理财痛点，它就像为草根人群量身定制的一般。这个"量身定制"之所以能够成功，和下面两个因素有着密不可分的关系。

较高的回报率

余额宝之所以能够成功，是因为它打开了草根人群这个市场。传统的金融理财活动，通常都是大额投资，即便一些企业想为草根人群服务，但是考虑到成本因素，往往很难实现。余额宝则打破了这种常规操作，不仅将草根客户纳入服务范围，还有较高的回报率。在余额宝上线早期，年回报率甚至能够达到5%。

操作简便

初次在余额宝进行理财活动的用户，仅需四步就能成功购买天弘基金，老用户只要三步就能完成操作，不仅操作简单，而且速度很快。对草根客户来说，基本不需要重新学习就能顺利进行理财。

既然一级痛点这么重要，又有如此大的威力，那么它自然会成为诸多企业紧追的重点。然而事实表明，想要找到它并不容易，有时它甚至隐藏极深，需要企业进行细致、深度的挖掘。实际上，用户的一级痛点是分层次的，就像马斯洛发现的用户需求的5个层次一样。一级痛点可以分为以下3个层次。

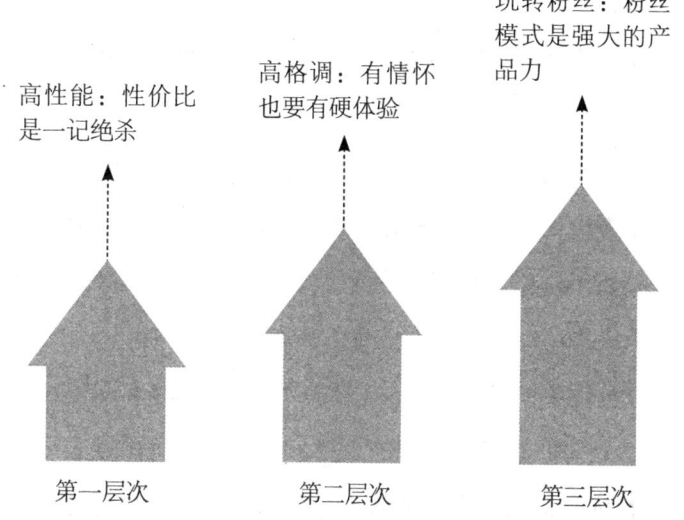

高性能：性价比是一记绝杀

几乎所有的客户都希望买到物美价廉的产品，这是由人们的"贪便宜"心理决定的。毫不夸张地说，客户对高性价比的产品几乎没有抵抗力，性价比就是一记绝杀。当然，追求高性价比不能单单从降低价格入手，而是要在保证高品质的前提下降低价格。也就是说，价格和品质进行比较的话，品质明显占有更重要的位置。

在互联网时代，低价已经成为很多企业不得不做的选择，甚至有些企业选择以补贴的方式打开市场。关于这一点，我们常用的共享单车就是一个典型的例子。许多共享单车企业在进入市场之初，都以免费骑行或是骑车赢红包的方式吸引客户，虽然这种做法能在短时间内聚拢一定的人气，可是在优惠或补贴消失之后，真正支撑企业发展的依然是品质。

高格调：有情怀也要有硬体验

性价比是一记绝杀，高格调则比性价比更胜一筹。那么，什么样的格调才算是高格调呢？

简单来说，高格调就是一种更加高级的消费维度，就是你不用这个产品那就彻底落伍了。

人们口中常说的情怀，就是一种格调。《小时代》的情怀是"90后"格调，卖点在于友情；《战狼2》的情怀是爱国主义，卖点在于爱国之情。不一样的情怀，造就不一样的格调，这两部电影放在一起，显然是《战狼2》的格调更高，所以市场也更火爆。

当然，高格调不仅要有情怀，还要有优质的硬体验。可以说，硬体验是高格调的门槛，想要走进高格调的大门，必须跨过硬体验这一关。毕竟，情怀只是一种感觉，如果没有硬体验这个载体，所谓的高格调就无法得到展现。

玩转粉丝：粉丝模式是强大的产品力

比高格调更能让客户尖叫的就是粉丝模式。将客户变成粉丝，是一种强大的产品力。

在这方面，小米做得很好。小米推出的饥饿营销就是一种驱动粉丝的机制。

真正能够驱动粉丝的，其实是特权，饥饿营销背后的驱动力当然也是特权。那么，应该怎样玩转粉丝经济呢？

有一个方法非常实用，那就是先找到100个铁杆粉丝，为他们设计特权机制，用特权激活他们。有了这100个铁杆粉丝，就有了制造爆品的"火种"，他们不断"引燃"身边的人，就使得火势越来越猛，最终成为引爆市场的核心力量。

客户的一级痛点最能满足客户的消费需求,最能刺激客户的消费神经,也是最有可能打造爆品的起点。所以,企业不能发现痛点便兴高采烈地急于加以利用,而应该通过层层筛选,找到埋藏最深的那个一级痛点。

【案例】小米移动电源是如何引爆市场的

张峰，紫米科技的创始人，也是小米移动电源的操盘人。他给人的第一印象是理性、严谨、实事求是。仅仅一年的时间，张峰就用小米移动电源引爆了整个行业，其中的故事和发展轨迹，值得我们好好探究一番。

2013年2月，小米有意向投资100家智能硬件创业公司。

2013年4月，雷军向张峰表达了创建一家专注于制造移动电源的公司的想法。

2013年5月，确定工作方向后开始进行市场调研。

2013年8月，移动电源项目正式开工。

2013年12月，小米移动电源全面上市。

小米将其产品明确定义为"品质最好，售价69元"，这也成为小米移动电源引爆市场的一个杀招。当然，张峰为了达到这一目的也付出了很大的代价。

那么，小米移动电源是如何找到用户的一级痛点的呢？

专注于一种移动电源

决定涉足移动电源行业之初，小米的目标并不是做69元性能最好的产品，而是计划开辟两条产品线：第一条是生产标准更高的进口移动电源，售价99元；第二条是生产国产电池的移动电源，售价69元。

随着计划的推行，张峰发现必须要坚持最高标准，选择99元规格的产品进行生产。于是，他去说服雷军放弃69元的产品，专注于做99元的进口电源。雷军认为张峰的话有些道理，于是采纳了这个建议，但是提出了必须按照进口电源的标准做出69元的产品。

把价格压到最低

张峰明白，想要将价格压到最低，必须要找到正确的合作伙伴，没有供应商的鼎力支持，一切都是镜花水月。

为了尽快完成谈判，张峰一般会直接找到供应商老板，对他说有个项目，询问他能不能做。通常而言，对方都会询问项目内容、投入资金等方面的情况，可是张峰没有那么多的时间去谈具体的东西，只能根据对方能不能做去决定要不要继续谈判。如果对方说能做，就跟对方谈具体的项目和价格；如果对方说不能做，就立刻去找别的供应商。对于这种非常直接的谈判方式，张峰说："这些厂商与我有十多年的交情，与朋友谈合作难免产生冲突，但我永远相信朋友比生意重要，朋友能在你项目起步阶段推你一把，步入正轨后一切都会很轻松。虽然现在我们体量变大了，但依然坚持强调双方不是客户与供应商的关系，而是完全在一条船上的策略合作关系。因为任何一家供应商都保持微利，他们可以与我们合作，也可以不与我们合作。"

死磕金属壳

移动电源的外壳材料只能选择塑料或是金属,两种材质做比较的话,用户通常比较喜欢金属材质,因为塑料在颜色处理上没有金属好看,而且金属质感更好,更能体现产品的价值。

为了体现小米移动电源较高的性价比,张峰可谓伤透了脑筋。打磨金属外壳相对困难一些,遇到问题的时候,张峰会对"采用金属外壳"这个决定产生怀疑,但是又想不出更好的替代办法,所以只能靠着坚强的意志继续与之死磕。

对于自己打磨金属壳的经历,张峰说:"8月开干之后,我再也没去过小米。发布会前去小米与雷军开会,他见我第一印象是感觉我至少老了10岁。铝合金金属外壳的加工难度非常大,内部金条经过喷砂阳极处理后,外壳表面呈现正反两面各两根金条,就算是苹果代工厂也束手无策。为做好型材,我们几乎跑遍了所有型材厂。型材成型后要经过12小时的工序处理才能看到效果,由于代工厂白天忙于生产iPad mini,我们只好晚上赶工。我在生产线上熬过三个星期,一边盯生产进度一边对比效果。"

在打造小米移动电源的过程中,张峰要求供应商提供品质较高且价格低廉的材料,这让一些供应商颇有微词,认为张峰是"既要马儿跑,又不给马儿吃草"。张峰耐心地向供应商解释之后,大部分供应商都认可了他的这种理念。虽然供应商单件产品得到的利润不多,但是他们得到了大量稳定的订单,整体利润相当可观。

最后的结果是,小米移动电源在上市的第一年就卖出了将近2000万支,成为全球出货量最大的一款移动电源,彻底引爆了市场。

第四章

深挖体验,制造客户的尖叫点

在这个"产品为王"的时代,优良的品质是打动客户的重要因素之一。只有给予客户足够优质的消费体验,客户才会心甘情愿地进行消费,才会对产品和企业产生更多的认同感。毫不夸张地说,任何一款产品都要从客户的体验入手,都要追求极致的服务体验。产品越是有良好的体验,越能引起客户的尖叫,从而越有可能成为爆品。

尖叫就是产品的口碑指数

对一家企业来说，找到客户的痛点还远远不够，要做出令客户尖叫的产品才行。

所谓尖叫，就是产品的口碑指数，也就是说产品必须要有好的口碑。在传统市场上，产品的口碑指数不能决定产品的生死；但是在互联网时代，产品的口碑指数对企业的生存和发展有着举足轻重的影响。

小米副总裁黎万强说过："产品是1，营销是0。"这是黎万强对小米模式的精辟总结，也是互联网时代企业打造爆品的必然选择。在互联网时代，客户通过网络直接与商家进行联络，虽然省掉了很多环节，节约了开支，降低了成本，但是客户对产品质量的要求也随之升高。只有产品品质有保证，产品才能让客户尖叫不止。尤其在产品上市早期，在还没有任何广告介入的情况下，产品的优良品质往往可以为企业带来良好的口碑，帮助产品实现冷启动。有了让客户尖叫的良好口碑，再加上适当的营销手段，产品才能产生十倍甚至百倍的影响力。可以说，在产品蜕化为爆品的过程中，口碑起到了十分重要的推动作用。如果产品无法令客户尖叫，仅仅通过营销手段扩大其影响力，那是很难产生持续效果的。

从某种意义上说，现代企业和传统企业做产品的最大区别，就是产品的尖叫指数。传统企业当然也会想办法让客户尖叫，但是常用的方法是疯狂打折、明星促销、给予赠品等。

时尚品牌A&F在创立之初颇受消费者关注,并通过各种包装及活动赢得了大批的客户。

在营销方面,A&F很有自己的一套:首先,他们在开业时会邀请身材健硕的男模助阵;其次,他们的店面设计非常诡秘,灯光非常昏暗,空气中弥漫着浓重的香水味,很多初次前往的消费者甚至会吓一跳;最后,他们非常重视颜值,A&F的售货员都很漂亮,而且要穿着海滩装和拖鞋上岗。

A&F信奉"漂亮的人会吸引更多漂亮的人"的宗旨,所以不但在招聘销售员时要求高颜值,而且从来不卖大码女装。用A&F前首席执行官麦克·杰佛瑞斯的话说,就是"A&F不做胖女人的生意"。

A&F的这一系列举措,当时看上去非常有新意。其独特的"性感营销"及夜店式的装潢设计确实吸引了一大批青少年消费者,在全球范围内掀起一股时尚旋风。

然而,随着市场环境的不断变化,年轻人对A&F的营销方式逐渐失去了兴趣,更加重要的是,A&F在服装面料和风格设计方面几乎没有任何创新,其多年来一成不变的大麋鹿logo,也已经不受现在的年轻人欢迎。

A&F没有紧跟市场,使得其深陷经营困境无法自拔。为了扭转这一局面,公司尝试做出一系列改变,包括:摒弃"性感营销",走清新路线;改变店面设计,追求明亮清淡的中性风格;招聘销售员不再仅看颜值,并放宽着装标准;去除服装上的大麋鹿logo;等等。

然而,这些改变并没有抓住产品品质这个重点,仅仅改变外在的东西,显然无法赢得消费者的认同。A&F的销售业绩依然持续下滑,在这种情况下,掌控者正在寻找买家,希望将其出售。

作为一家百年老店，A＆F为何会遭遇如此困境？因为它的传统营销模式已经无法满足现代消费者的需求，无法让消费者大声尖叫。噱头确实很重要，但是它绝对不是产品的最大卖点。虽然噱头能够带来一定的客流量，但是没有产品力作为支撑，即便有再多的健硕男模也没有用。

在传统市场上，制造尖叫的第一法则是"与众不同"；但在互联网时代，制造尖叫的第一法则是"以客户为中心"：只有让客户爽，客户才愿意进行消费。雷军在创立小米时，就有过这样的思考："中国在很长时间内是产品稀缺的。粗放经营，做很多，却很累。一周7天，一天恨不得工作12个小时，结果还是干不好，就认为雇用的员工不够好，就开始搞培训，搞运动，洗脑。但是，他们从来没有考虑把事情做少。互联网时代讲求单点切入，逐点放大。"

雷军是对的，在现代社会，客户关注的是品质，是体验，企业只要抓住高品质这一点，就很容易做出令客户不断尖叫的爆品。

设计流量产品，用低价让客户尖叫

在传统模式中，做流量的方式就是渠道；在互联网时代，做流量不仅要依靠渠道，还要借助互联网的方式，即设计流量产品。

什么是流量产品？流量产品就是用来拉动客户流量的产品。那么，流量产品应该具备怎样的特点呢？很简单，一是吸人眼球，二是具有创新性。

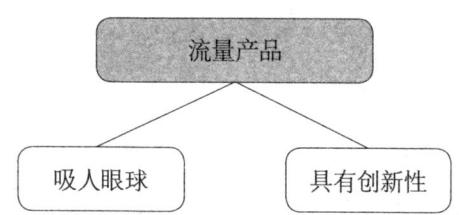

企业研发流量产品的最主要目的，并不是用它赚取多少利润，而是要通过它拉来客户，乃至将客户变成企业的粉丝。这就要求流量产品能够迅速引起客户的注意，而要抓住客户的眼球，创新则是极佳的策略之一，所以说，只有紧紧把握吸人眼球和具有创新性这两点，才能顺利打造出优质的流量产品。

从某种程度上说，设计流量产品是制造爆品尖叫点的重要步骤，也是必须走好的一步。那么，设计流量产品有何策略？第一个策略是免费或补贴，第二个策略是制定较低的价格。

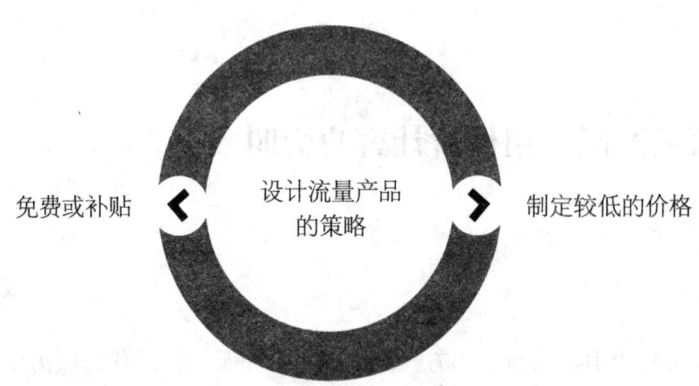

免费或补贴

互联网公司设计流量产品,最常用的策略就是免费或补贴。这一点相信很多人都深有体会,首单免费几乎是所有互联网公司最惯常的招数之一。

神州专车有一段时间推出"买100返100"的活动,用以吸引客户。后来,神州专车干脆又推出了一项更加让人吃惊的活动,就是向所有用户免费赠送1000元的优惠券。虽然每次只能使用50元,而且大部分只能在接送机时使用,但是优惠券对用户而言是很实惠的。通过这一举措,神州专车有效增加了自己的客户黏性。

制定较低的价格

毋庸置疑,在同等品质的前提下,价格越低的产品,越能吸引客户的注意力。

小米的移动电源,就是凭借优良的品质及69元的超低价格,很快抓住了客户的眼球，创造出一年销售将近2000万只的奇迹。尽管每只移动电源获利不多，但是这款产品为小米公司带来了超高的人气和流量，可以说，这是一款不折不扣的流量产品。

除了移动电源，小米公司生产的49元插线板同样是性价比超高的流量产品。这些产品为小米公司带来了较高的关注度，客户对此类产品的关注，无形中会带动他们对其他产品的关注度和浏览量。

仅仅依靠低价显然无法打造出爆品，但是想要吸引客户，带来足够的流量，低价则是不二之选。更有甚者，在某些情况下，企业完全可以采取免费策略，打造出牢牢抓住客户的流量产品。当客户不断尖叫着涌向企业的时候，企业离打造出爆品就不会太远了。

以客户为中心，只为客户生产

华为创始人任正非曾经表示："华为的核心价值观只有一个，那就是'以客户为中心'。"

对想要成就一番事业的企业而言，"以客户为中心"的核心价值观应该是企业始终追求的目标。大部分企业在创业之初确实是这样做的，希望想客户之所想，急客户之所急，为客户生产出最需要的产品。然而，随着时间的推移和市场的变化，一些企业的目标和价值观都发生了变化，企业主们不知不觉间将"只为客户生产"变为了"只为利润生产"。有了这样的思想转变，企业自然无法走进客户的内心，赢得客户的认可。

在通信领域中，华为公司可谓是佼佼者。能够在竞争激烈的市场中始终屹立不倒，华为公司自然有其过人之处。而在诸多的经营真经中，任正非所说的"以客户为中心"绝对占据了重要的位置。

"华为之所以崇尚'以客户为中心'的核心价值观，就是因为只有客户在养活华为，在为华为提供发展、前进的基础，其他任何第三方都不可能为华为提供资金用于生存和发展。所以，也只有服务好客户，让客户把兜里的钱心甘情愿地拿给我们，华为才有可以发展下去的基础。"任正非说，"华为的价值和存在的意义，就是以客户为中心，满足客户的需求。我们提出要长期艰苦奋斗，也同样是出于'以客户为中心'这样一个核心价值理念，坚持艰苦奋斗的员工也一定会获得他所应得的回报。"

任正非用核心价值观将华为的员工聚拢在一起，所有人通力合作，为客户生产出体验良好的产品。反过来，客户对华为的信任和支持，让华为走在通信行业的前列，拥有了更大的竞争优势和市场占有率。

华为的成功，源于华为对核心价值观的一贯坚持。从始至终将客户放在中心位置的做法，给客户带来了更加卓越的消费体验，赢得了客户更多的认可。

实际上，几乎所有的爆品都有一个共同点，那就是拥有多年始终如一的优良品质。保证产品品质，首先要明确一点，那就是"为客户生产"。有了这样一个行为准则，企业才能在打造爆品的整个过程中，始终站在客户的立场上，设计、生产出让客户满意的产品。

褚时健先生在生产香烟时，始终坚持一点——做中国人爱抽的最好的香烟，所以红塔山成为长盛不衰的爆品；在种橙子时，褚时健又坚持种出比新奇士更好的、更受人们喜爱的橙子，结果"褚橙"风靡一时，成功引爆了市场。

也许有些人觉得"以客户为中心"只是一句口号，并不会对实际生产产生太大的影响，但是诸多事实已经证明，它是一种强大的理念，在企业生产、营销的过程中都会产生巨大的约束作用。任何一家想要打造爆品的企业，都应该积极遵循这一原则。

一星级的酒店，三星级的服务

品质优越的产品一定会让客户尖叫吗？不一定。

价格低廉的产品一定会让客户尖叫吗？不一定。

品质优越且价格低廉的产品一定会让客户尖叫吗？也不一定。

那么，究竟什么样的产品才能让客户大声尖叫呢？答案很简单，是那些超出客户预期的产品。

举个例子来说，如果你入住一家一星级的酒店，却得到了在三星级酒店才能享受到的服务，那你肯定会为此感到兴奋，甚至大声尖叫。如果你入住的是一家五星级的酒店，享受到的却是四星级的服务，那你肯定会感到不满，即便享受到的是五星级的服务，你也不会为此尖叫，因为你花了五星级酒店的钱，本身就该享受这样的服务。

由此不难看出，想让客户尖叫，产品一定要给客户超出预期的消费体验才行。

对那些做软件的公司来说，想要让客户得到超出预期的消费体验，就要让客户爽到爆才行。

1998年，马化腾创立腾讯，十多年以来，他几乎经历了所有的互联网风口。腾讯公司之所以能够屡次摆脱危机，就在于每到关键时刻，公司总能适时地推出爆品。

第一个节点：1998年。QQ出现早期，需要与OICQ及诸多即时通信软件进行竞争，之所以能够脱颖而出，是因为马化腾推出了卡通头像。

QQ刚出现的时候，上网聊天的人还不多，在网上认识的人一般都是陌生人，好奇心会驱使人们去想象与自己聊天的人究竟是什么样子，而卡通头像的出现，恰恰给QQ用户创造了一个具体的形象，满足了人们的探知欲。

第二个节点：2003年。腾讯创立早期，主要靠中国移动的增值业务获利，马化腾看到了背后隐藏的危机，于是推出了QQ秀这一爆品，进而摆脱了对中国移动的依赖。

QQ秀是一种会员服务，开通之后会有相应的特权，不仅等级加速更快，名字也会排在好友的前面，这让拥有QQ秀的用户很有面子，满足了人们的炫耀需求，也就是说，QQ秀的尖叫点就是炫耀。

第三个节点：2004年。当时，网络游戏十分火爆，腾讯顺应潮流，推出了一款网游《凯旋》，结果大败而归。但是腾讯并未就此止步，最终推出了棋牌类游戏的爆品——《斗地主》。

腾讯没有任何做网游的经验，只是摸着石头过河。在首款重度网游《凯旋》失败之后，他们将目光转向了棋牌类游戏，成功推出了《斗地主》游戏。在这之后，网游就成为腾讯商业模式中最重要的组成部分。

第四个节点：2005年。Web2.0横空出世，市面上出现了很多新的杀手级应用，为了应对这一局面，腾讯推出了QQ相册，这款爆品挽救了腾讯，也消灭了竞争对手51.com。

第五个节点：2011年。移动互联网喷薄而出，BAT面临生死考验。于是腾讯推出了一款神一般的爆品——微信。

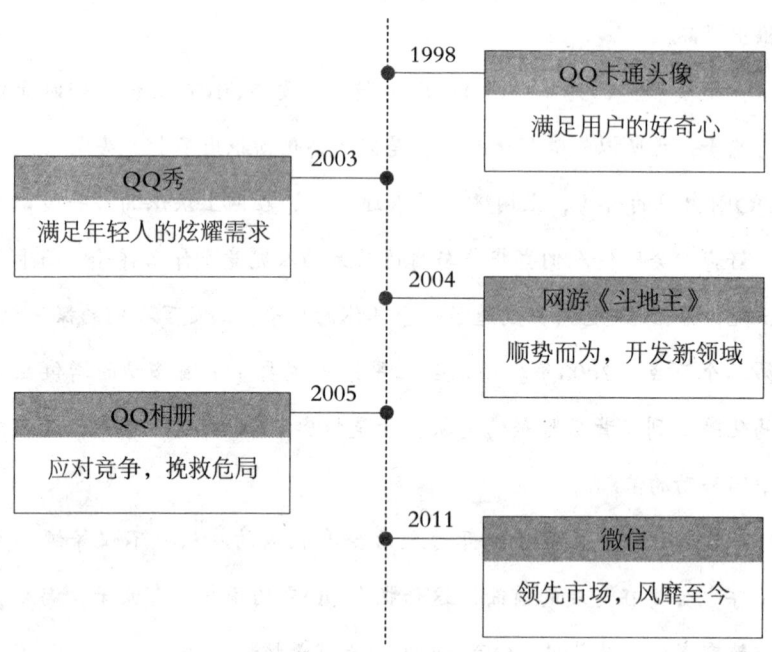

实际上，在2011年前后，市场上出现的类似微信的产品有二三十个，但是为什么微信成了最成功的产品呢？是因为微信创始人张小龙抓住了"让用户爽"这个关键点。

在分析其他产品没能取得微信这样的成功的原因时，张小龙说："因为用户没有感觉到爽，很多大公司能够过'技术'这一关，但它们缺乏的是艺术，缺乏哲学层面上的思考。"

在张小龙看来，真正的互联网产品是技术和艺术的结合，只有将两者完美地融合在一起，才能让用户爽到尖叫。在大部分公司拼命追求技术革新的时候，张小龙在微信中注入了艺术的思维，并借助音效等方式呈现在用户面前。对微信用户来说，他们不仅体验到了技术上的便利，也得到了艺术上的享受，这种双重的满足感，令他们高声尖叫，欲罢不能。

一家企业存在的意义，就是产生价值。反过来说，只有那些能够产生价值的企业，才有生存的空间，才有可能赢得客户的认可。虽然价值的体现形式多种多样，但是归根结底，无非就是硬件产品、消费体验或者是两者的结合。关键在于，一家企业推出的某种产品或服务，能否超出客户的预期，让客户放声尖叫。

快速迭代，给客户超乎想象的优质体验

在互联网时代，产品的快速迭代对于企业的生存和发展有着重要的意义。对此，马化腾说："互联网化的产品都是这样，它不像传统软件开发，一下子刻光盘就推出，我们永远是Beta版本，要快速地去升级，可能每两三天一个版本，就是不断地改动，而且不断地听论坛、用户的反馈，然后决定你后面的方向。"

所谓快速迭代，就是根据用户使用之后产生的意见和反馈，对产品进行快速更新和改进。产品通过不断地迭代和更新，满足用户不断变化的需求，持续吸引用户的关注。

现代科学技术迅猛发展，一款新近研发出的高科技产品，也许要不了多久就会被别的新产品替代。毫不夸张地说，在快速迭代的趋势下，没有任何一款产品是完美无缺的，所有的产品都是Beta版本。这是所有现代企业必须面对的残酷考验。每一个渴望打造爆品的人，都应该做好积极应对的心理准备。

在互联网上，没有任何一款产品能经得起快速迭代。不仅软件类产品如此，硬件类产品同样需要在快速迭代上拼尽全力。

小米手机能够赢得诸多用户，拥有较高的市场占有率，是因为小米公司将快速迭代视作重要的武器。

小米手机的操作系统MIUI，每周都要进行迭代，在小米公司，这是一个传统机制。每个星期五下午5点，是小米操作系统MIUI开发版的发布时间，在这个时间节点之后，所有小米手机用户的手机系统都会升级。

对小米来说，星期五是一个重要的日子，每次新版操作系统发布之后，MIUI社区的点击数都能达到几十万甚至上百万。"橙色星期五"对小米产品的设计和完善产生了十分深刻的影响，不仅让小米变得更加强大，也给了小米更多了解用户需求的机会。

实际上，在每个"橙色星期五"到来之前的一周或两周时间里，小米的产品经理、技术团队都会在论坛上和用户进行讨论，聊一聊用户想要什么样的功能，或是某些功能做得是否让用户满意。一般情况下，小米公司会对新增功能进行相应的测试，只有得到用户的认可之后，公司才会将该功能加入新版本中。

星期五更新版本之后，小米公司会在下个星期二让用户提交体验报告，以检测哪些功能受到用户欢迎，哪些功能给用户带去的体验很糟糕。在大多数情况下，小米公司每一次的意见征集活动，都能吸引十几万用户参与其中。

对于用户满意的功能，小米公司会给予相关员工适当的奖励；对于用户不满意的功能，小米公司则会积极改进，争取在下一次升级后给用户带去更加优质的体验。

MIUI的更新换代速度，超出了很多人的预期和想象。这是小米公司为用户带来非凡消费体验的一种手段，也是推动公司不断发展的动力之源。当用户积极参与其中，努力为MIUI的创新和发展做出自己的贡献的时候，用户的黏性无疑会得到大幅提升。这种效果是小米公司做多少广告都无法换来的。

　　快速迭代不仅能为用户提供超乎想象的优质服务，还是企业的一种很好的试错机制，可以帮助企业迅速修正产品出现的错误。通过收集用户的意见，企业可以更迅速、更准确地发现用户的真实需求，找到用户真正的痛点，这样才能更好地打造出爆品的尖叫点。

走进"产品为王"的时代

每一款能够引爆市场的产品,都需要优良的品质、优质的服务和良好的口碑。也就是说,一款产品能不能变成爆品,最终还是要靠自身来说话。

想给用户带来尖叫的体验,想要打造爆品,就必须坚持"产品为王"的理念。为用户提供最优质的产品,给用户带来更佳的消费体验,才能让用户产生较高的满意度,进而产生较好的口碑,最终使产品引爆整个市场。

在如今这个时代,企业的生存之道就是用实实在在的产品说话,用品质打动人心,这样企业才能持续、良好地发展。

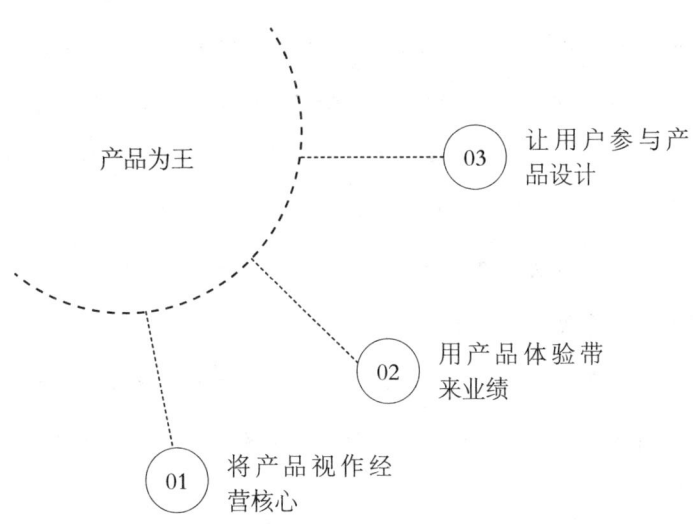

将产品视作经营核心

在传统模式下，企业通常将拓展渠道作为工作的重心，信奉"渠道为王"。随着互联网时代的来临，传统的模式已经无法适应现代的要求，企业唯有将产品视作经营核心，树立"产品为王"的意识，才能在市场上赢得机会，获取利润。

褚时健做香烟的时候，将红塔山做成了风靡全国的爆品；经历波折后，他又将"褚橙"做成了爆品。

褚时健为何能够成功？一般人难以奢望的爆品，为什么褚时健如此轻松就打造了出来？其实，对褚时健来说，打造爆品并不容易，但是坚持原则确实有助于爆品的实现。在褚时健的意识中，产品本身始终是最重要的，无论做什么，他都追求较高的品质，并始终以一种执着的态度在努力。

拿"褚橙"来说。

其实，最初褚时健是和他的弟弟一起种橙子的，只是后来因为理念不合而分道扬镳。褚时健认为，当时的市场并不缺乏农产品，缺乏的是有品牌的农产品，更缺乏具有鲜明特色的农产品。于是，他坚持先搞产品再搞市场。

农产品和工业品不一样，很难有一个细致的量化标准，但是想要形成品牌，产品就必须有一定的辨识度，这个辨识度不仅是包装上与众不同，更重要的是口感上要给客户带来非凡的体验。为此，褚时健做了很多工作：改良土壤，创制肥料，解决灌溉、病虫害等问题。经过一系列的努力之后，"褚橙"一上市便迅速燃爆了市场。

褚时健说，事情的规律，认真就做得好。所有的事情都要这样，要下功夫。褚时健愿意为自己的产品付出别人难以想象的努力，所以他能成功也就不足为奇了。

褚时健的爆品之路告诉我们，做爆品就是跟产品死磕到底。在互联网环境下，好的产品远胜于好的渠道，做独一无二的产品，给用户无与伦比的消费体验，企业才能赢得市场。

用产品体验带来业绩

传统行业中，企业对用户体验关注度不高，用户往往先看品牌，再去消费。而在互联网时代，用户对产品体验有了更高的要求，企业也必须以用户的需求作为主导，力争给用户带去更好的产品体验。

好的产品才能占据市场，这是互联网时代企业的生存法则。也可以说，产品体验的优劣直接决定着市场前景的好坏以及销售业绩的高低。因此，我们不难发现，无论是苹果还是谷歌，都始终重视产品品质，重视用户的切身体验，为了让用户满意，所有的产品都力求满足用户需求。而曾经的手机爆品诺基亚，由于不愿放弃落伍的塞班系统，所以无法为客户提供较好的体验，以至于在手机市场上节节败退，从曾经的领先者变成了如今的追随者。

随着互联网技术的高速发展，越来越多的企业已经意识到，用户对于体验的要求已经达到了相当的高度。只有获得了足够优质的产品体验，用户才会接受产品、爱上产品，乃至为产品尖叫不止。

让用户参与产品设计

产品是企业发展的核心所在，但是想要打造优质的产品甚至爆品，并非一件简单的事情。

做出优质的产品，闭门造车肯定是不行的，设计者不仅需要向竞争对手学习，还要听取客户的意见和反馈。从"以客户为中心"这一理念出发，让客户参与到产品的设计、研发之中，无疑会激发客户的激情，让客户对产品产生更多的认同感。

生产产品的目的，是为了满足客户的某种需求，而客户最真实的需求，只有客户自己最清楚。通过收集客户的反馈信息，企业可以更加快速地找到客户的需求重点，再通过相应的调整和改进，就能在短时间内打造出符合客户预期的产品。对客户来说，这样的产品显然具有更大的吸引力，客户会更加心甘情愿地掏钱购买。

"产品为王"的时代已经来临，企业想在如今的环境下做出让客户尖叫的产品，就有必要通过适当的手段去实现客户预期、满足客户的需求。深挖客户体验，制造客户的尖叫点，才能让客户为产品疯狂，才能为爆品的出现打好基础。

【案例】海底捞的极致服务体验

海底捞这个名字，相信很多人都印象深刻，因为这家火锅连锁店的服务质量实在太高了。来这里消费的食客，总能得到极致的客户体验。正因如此，海底捞吸引了大量的回头客。对食客来说，在这里能够享受到的不仅有美食，还有心理上的极度满足。

海底捞始终秉承"服务至上，顾客至上"的理念，以创新作为发展核心，改变传统的标准化、单一化服务模式，提倡个性化的特色服务，将用心服务作为基本经营理念，致力于为顾客提供"贴心、温心、舒心"的服务。海底捞的许多做法确实体现出了对用户体验的重视。

排队等候时的服务

排队等候这件事看似简单、普通，却能最好地体现出海底捞所追求的最佳用户体验。海底捞在就餐区外开辟了100多平方米的空间，专门用于让顾客坐着等候；在等待的过程中，顾客可以享用免费的饮料和瓜果；顾客想上网的话，旁边至少有8台电脑可供使用；假如顾客带着孩子，孩子可以在儿童专区玩耍，顾客也可以将孩子托付给工作人员；在等待的过程中，工作人员可以免费为顾客的手机消毒，女性顾客甚至可以做美甲。以至于网上传说，海底捞附近的美甲店都闭门关张了，因为顾客们都到海底捞去做免费的美甲了。

入座就餐时的服务

在顾客就餐的过程中,海底捞持续不断地为顾客提供极致的服务。服务员会在顾客坐到餐桌前时主动递上围裙;会用塑料薄膜将顾客的手机套起来;会顺便给顾客递上一块眼镜布;会将免费水果端到顾客面前;无须顾客说话,饮料喝到一半时就会及时续上;菜品可以点半份,如果菜点得太多,服务员会小声提醒不够再点;如果顾客当天生日,不仅会有免费果盘送上,还会有几个服务员为顾客唱生日快乐歌……

进餐结束后的服务

在海底捞,进餐结束并不意味着极致服务的终点。在顾客离开的时候,工作人员有时会送上爆米花之类的小礼物;会递给顾客免费停车的单据;电梯口的工作人员会按住电梯按钮,礼貌地请顾客进入电梯……

有些人觉得,海底捞的价格太贵,味道也很一般。那为什么仍有如此多的消费者宁愿排队等一两个小时,也要进店亲自体验一番?其中的奥秘着实值得好好探究一番。实际上,中国的火锅店有很多,好吃的火锅也不止一家,消费者之所以对海底捞情有独钟,其实只是为了目睹与享受一回传说中的顶级服务。对于海底捞的极致服务,有消费者这样说:"来海底捞等座位,会免费给我擦皮鞋,给我媳妇做美甲,什么都有;就连我故意找服务员的麻烦,他们也不生气,还对我笑嘻嘻的,这里的服务简直就是'变态'。"

正是海底捞这一系列的"变态"服务,让消费者产生了深深的满足感;反过来,这种满足感又促使消费者带着更多的亲戚、朋友到海底捞进行消费。在不断的互相促进和积累中,海底捞的声望越来越高,口碑越来越好。不得不说,海底捞如今取得的成就,与其坚持的极致服务体验有着密不可分的关系。

第五章

引燃爆点,让产品极速由"冷"变"热"

一款爆品的出现,与爆点的引燃有着密不可分的关系。通过一系列的手段,让客户持续为产品贡献关注度和能量,产品才能迅速在市场上传播,影响越来越多的潜在客户。当一个个潜在客户变成核心客户的时候,产品的热度就会上升到较高的程度,产品的爆裂也就成为一种必然的趋势。

爆点=引爆大众传播

所谓爆点，就是引爆大众传播的那个点。在打造爆品的过程中，大众传播是任何一家企业都离不开的一个重要工具。只有通过大众传播，产品才能迅速走进消费者的心里，让消费者产生购买行为。假如将打造爆品视作一个巨大的烟花的话，那么这个爆点就是烟花的引线，一旦点燃，就会迅速让烟花在天空中绽放，给人带来无比震撼的效果。

当然，爆点的形成需要一个积累的过程，只有做好下面这3件事，才有可能迅速引爆市场。

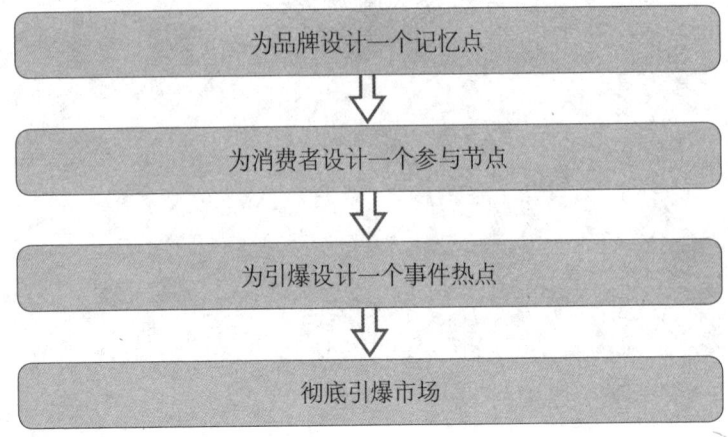

为品牌设计一个记忆点

现在的市场变化越来越快，市场上的产品越来越多，许多品牌仿佛在一夜之间就出现了，诸多产品也如雨后春笋般出现在人们眼前。

在如今这个令人眼花缭乱的互联网市场上，品牌的平均生存时间越来越短。一个新兴的品牌，也许在火过一两个月之后，就会被更为新潮的同类品牌替代。这就是互联网市场的真实情况。其中蕴含的残酷竞争，是每一家企业都必须认真面对的考验。

在眼下这种迅速迭代的环境中，每一家企业想要生存都不容易。只有想方设法地给消费者留下深刻的印象，让消费者在产生需求的时候首先想到的就是自己的品牌，企业才能实现打造爆品的梦想。为了达到这个目的，企业有必要为自己的品牌设计一个简单明了且易于记忆的记忆点。

例如，海飞丝洗发水的"去屑"，炫迈口香糖的"持久"，农夫山泉的"有点甜"，统一老坛酸菜牛肉面的"酸爽"，湖南卫视的"快乐"，江苏卫视的"幸福"，响法大师的"有结果"，思朗纤麸饼干的"助消化"，等等。这些产品的记忆点可谓耳熟能详，不仅瞬间点燃了消费者的购买欲望，也增加了消费者的品牌认知度。

设计的品牌记忆点，不仅要求简单易记，还要满足易于传播的要求，这样才能为引爆大众传播奠定基础。

为消费者设计一个参与节点

在"产品为王"的时代，保证产品的优良品质是企业理所应当的责任。唯有如此，企业才能牢牢抓住消费者。

奉行"产品为王"的宗旨，其实就是坚持以消费者为核心的原则。在产品的设计、研发过程中，消费者的参与度会对产品上市后的表现产生一定程度的影响。让消费者参与其中，能够有效提升消费者的购买积极性，有助于产品的迅速销售和推广。

有鉴于此，为消费者设计一个恰当的参与节点就变得十分重要且必要。通过让消费者参与到企业的品牌建设中，企业可以将消费者从用户转化为粉丝，当粉丝积累到一定程度的时候，粉丝就会产生巨大的粉丝效应，其传播效率和效果会让人大为震惊。

在设计参与节点时，企业首先要找到消费者的兴趣点和关注点，然后通过巧妙的设计将它们融入各种活动之中，通过活动和消费者拉近关系，最终实现将客户转化为粉丝的目的。

为引爆设计一个事件热点

前面已经说过，爆点的引发需要一个引线，在设计好产品的记忆点和消费者的参与节点之后，引线的出现将会彻底引发爆点，使产品以极快的速度传播开来，最终成功引爆市场，形成一股热流。

在引爆的过程中，热点事件是一个极好的引燃方式。通过一件众人关注的事件，打造出引爆市场的强烈爆点，往往可以产生出人意料的良好效果。

比如，某男明星向某女明星求婚的时候，使用大疆无人机空运钻戒。作为明星，他们两个的感情生活一直都是热点话题，再加上无人机的助阵，更是引发了空前的关注。通过这一事件，大疆无人机迅速成为人们关注的焦点，成功引爆了市场。

2007年3月10日，深圳举办了一场"群英会"——大型高级人才招聘专场，众多大中型企业来此高薪聘高管。我设计了一块牌子，上书大字"无学历，有特长，年薪1元起，谁聘我"，手举牌子步入会场。刚进去走了五步，就有人拦住了我，说："我想采访你。"我见此人一无记者证二无相机等记者行头，我笑而不答，继续踱步向前。两分钟后，他又把我拦了下来，身后跟着一堆长枪短炮的相机、摄影机，跟我说："我想采访你。"一个小时后，我举着牌子的照片登上了某网站的首页。第二天，《深圳商报》《深圳晚报》等多家深圳报纸都在头版刊登了一整版的"年薪1元，谁聘我？"公关事件。关键是牌子上还有醒目的电话号码。

于是，一天之内我接了300多个电话，2块手机电池用没电了，这300多个给我打电话的人中，最后有10多个成了我的客户，这一事件总共成交了200多万元的策划项目。

爆品的出现，与爆点的引燃有着莫大的关系。产品只有通过大众传播，迅速在市场上升温，才有可能引发更多的关注，引起更多的讨论。在口口相传之中，产品的热度以超乎想象的速度不断上升，才能让产品最终变成一款流行甚广的爆品。

制造爆点的三大法则

竞争市场的一大特质,就是暗流涌动。在波澜不惊的平静表面下,往往隐藏着让人难以想象和预料的"杀机",一个不小心,就可能让企业遭受灭顶之灾。当然,如果操作得当,能够巧妙地发现"杀机"背后的机会,企业就能获得其他企业难以得到的巨大机会。

但凡能够制造爆品的企业,大多能从别人关注不到的地方发现引爆市场的机会。有人觉得,这是一种与生俱来的市场敏锐感,并不是每个人都能做到这一点。这么说确实有一定的道理,但是制造爆点也并非无章可循,按照以下3个法则去制造爆点,往往可以取得令人满意的效果。

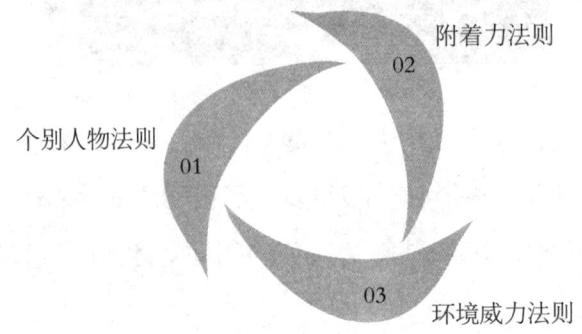

个别人物法则

爆点的引爆，是一个循序渐进的过程。在这个过程中，一些关键性的人物通常会起到十分重要的作用。

这些关键性人物的数量并不算多，在人数众多的客户群体中，只能算是个别人物。但是，这些人物往往具有极大的号召力，能深深地影响自己身边的人。他们的这种号召力和影响力，会对产品的传播起到积极的推动作用。

在商业领域中，我们最常见到的"个别人物"就是那些当红的明星或社交平台上的"大V"等。很多企业选择明星代言，也正是抓住了个别人物法则，希望借助明星或"大V"的号召力，进行品牌推广。

小米最初进军手机市场时，将客户群体定位于手机发烧友。因为发烧友用户通常在手机领域不仅具有足够的号召力，也更有发言权。很多手机用户会就手机配置、零部件组成等方面的问题向发烧友咨询，发烧友给出的答案往往会对提问者产生导向性的影响。

小米手机正是抓住发烧友这一群体的特性，通过他们来推广小米手机。发烧友的推介，再加上小米手机的高性价比，最终促成了小米手机的大规模应用。

个别人物在相应领域的号召力和影响力，是促使产品引爆市场的关键推力。通过他们的带动，市场上很容易形成一股风潮，为爆点的出现发挥重要的推动作用。

附着力法则

很有把握地说，大部分消费者能记住一两句耳熟能详的广告语。比如

"今年过年不收礼,收礼只收脑白金""冷热酸甜,想吃就吃"等。而且很多人听到广告语的上半句,脑海中就已经浮现出了广告语的下半句。脑白金、冷酸灵的广告之所以能给消费者留下极为深刻的印象,其实就是附着力法则在发挥作用。

要引发市场热点,制造足够炸裂的爆点,个别人物的传播作用固然重要,但是信息本身承载的内容也不能忽视。只有那些具有极强附着力的信息,才能给消费者留下足够深刻的印象,才能对消费行为产生影响。

在信息大爆炸的社会,人们每天都要接收海量的信息。想要在激烈的竞争中胜出,企业必须采取相应的措施:一方面,要确保内容本身能够吸引消费者的注意;另一方面,还要调动消费者参与的积极性。

小米曾发布消息称,只要用户转发小米的微博推广信息,就能参与小米举行的免费赠手机活动。这个消息一经发出,小米微博的转发量迅速飙升,这次推广取得了空前的成功。

其实,不仅小米如此,微博平台上有很多商家都采用这种推广方式,也都取得了不错的效果。事实证明,这种方式确实能够提升消费者的参与热情。

环境威力法则

个别人物法则强调信息传播过程中不可或缺的传播主体,附着力法则强调信息本身要能给消费者留下深刻的印象,环境威力法则主要强调时间、地点、诱发因素等在制造爆点过程中的作用,同样不能轻视。

2004年,响法策划刚创业的时候,办公室设在华侨城东部工业区(现在的华侨城OCT创意园),客户上门需要爬到五楼,一层楼大约4米高,我自己每次爬楼都感觉到非常累，怎么办？可否将环境与场景结合起来？于是，我在五楼的楼梯间墙上写下一个场景创意：累了吧？没有响法，你会比爬楼更累！这一场景的创意被一个客户记了整整12年，2016年，他想尽一切办法找到我，然后签约合作，这就是场景创意的威力。

举个简单的例子，在季节变换的时候，人们生病的概率往往会有所升高，发生流行性感冒的可能性也更大。这是因为，外界环境的温度、湿度等方面与之前有所不同，人体的感受自然有所不同，身体机能的反应也就难免有所变化。

在制造爆点方面，环境的变化同样会对消费者产生一定的影响。比如，一个四季如春的地方突然下起大雪，人们对衣服的需求自然会有所变化，这就会对之前形成的潮流产生影响。在打造爆品的时候，我们要顺应环境的变化，而不能按照固有的思维模式去设计爆点。

在制造爆点的过程中，三大法则缺一不可，它们互为支撑、相辅相成，各自为爆品的最终出现发挥作用。企业应该掌握并遵循这三个法则，以争取在爆品之路上早日获得成功。

引爆核心族群，影响互联网大众

很多人都已经意识到，一些特殊人物对普通人有着极大的影响力。于是，"通过小众影响大众，继而通过大众引爆市场"这一引燃爆点的方式，受到了越来越多人关注。

所谓小众，就是那些产生巨大影响力的特殊人物群体。他们是推动产品成为爆品的核心族群。对小米来说，核心族群是手机发烧友；对苹果来说，核心族群是设计师；对京东来说，核心族群是IT男；对亚马逊来说，核心族群是文艺女生……可以说，每一款爆品的背后，都有核心族群的默默付出和奉献，是他们帮助企业实现了爆品之梦。所以，企业打造爆品，千万不能忽视了小众群体，尤其是那些意见领袖型的小众群体。

小米	手机发烧友
苹果	设计师
京东	IT男
亚马逊	文艺女生

现在的很多视频或直播节目都很流行弹幕，边看节目边评论简直成了一种潮流。即便弹幕很多，甚至都看不到自己的评论，有很多人也乐此不疲。

当然，也有人对这种模式心生厌烦，毕竟屏幕被满满的弹幕遮住，确实影响观看效果。很多人看到弹幕的时候，就只有一种感觉，那就是晕。

弹幕的出现，使得随时对视频或节目发表意见成了可能，这不仅拓宽了视频或节目制作者与观众沟通的渠道，也有效增加了观众之间的交流和互动，给观众带来了更好的观看体验，因此，弹幕迅速火爆网络。

实际上，弹幕视频之所以火爆，关键在于它引爆了二次元爱好者这一非常小众的核心族群。二次元爱好者通常指那些爱好动画、漫画、游戏的年轻人，他们拥有自己的小圈子，而且经常宅在家里。弹幕视频的出现，满足了他们足不出户就能与人即时沟通的需求，所以受到了这一族群的青睐。

弹幕视频的火爆，是小众引爆大众的典型案例。通过这个案例，我们不难发现，核心族群对于引燃爆点有着十分重要的作用。也许他们只是几个人，但是他们往往能爆发出难以估量的能量，带动身边的人一起成为产品的粉丝，持续为产品的爆裂提供有力的支持。

一家真正优秀的企业，往往能够深刻洞察一个核心族群，并针对这个族群研发出全新的产品，以此打造出令人赞叹的爆裂产品，同时大大增强企业的核心竞争力。对企业而言，抓住核心族群，可以缩小关注的范围，更有利于打造针对性较强的产品，是打造爆品的优质选择。

不断加持，提升客户的参与热情

核心族群的出现，对于引燃爆点有着十分重要的意义。而找到核心族群之后，企业最重要的工作便是提升客户的参与热情，彻底引爆客户的参与感。

在繁杂而庞大的互联网体系中，客户与企业之间的关系已经变得非常透明且直接。通常来说，产品客户由潜在客户、核心客户及跟风客户3部分构成。当掌握了潜在客户及核心客户之后，企业就可以在这个基础上将产品推向主流市场。

企业想要满足客户的种种需求，必须依靠优质的产品并不断地更新迭代。产品从无到有、从默默无闻到引爆市场的整个过程，少不了客户的积极参与。在这个过程中，企业要积极邀请客户参与其中，并力争将潜在客户及跟风客户变成自己的核心客户甚至是粉丝。

在互联网上，客户的参与感是一种能量交换。当我们在网络上分享视频、图片时，共享的其实不仅仅是这两种事物，还有这两种事物给我们带来的情感反映。

那么，我们应该如何引爆用户的参与感呢？

小米联合创始人黎万强总结了一个"三三法则"——3个战略和3个战术。3个战略是"做爆品、做粉丝、做自媒体"；3个战术是"开放参与节点、设计互动方式、扩散口碑事件"。

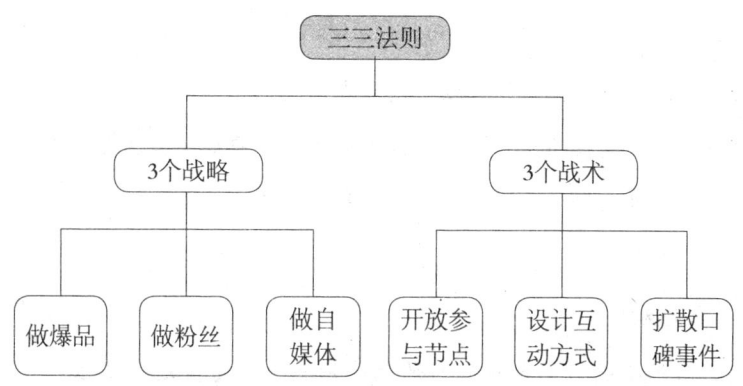

用一句话对这个法则进行总结的话,那就是用"病毒"性的内容激发客户的参与热情。

互联网酒店爱彼迎(Airbnb)没有吸人眼球的装修风格,没有大量的广告宣传,仅靠客户的不断参与,就成了世界知名的酒店。

爱彼迎成立于2008年,短短的几年时间,就已经从纽约扩展到了全球190多个国家和地区。爱彼迎之所以能够取得这样的成就,不仅在于公司始终保持较高的效率,还在于爱彼迎让客户产生了非常亲切的感觉:爱彼迎并不是一家公司,而是让客户身处其中的一个巨大社区。

爱彼迎不靠装修、不靠广告,却能吸引广大的客户积极参与公司建设,这是怎么做到的呢?爱彼迎有3种促使客户积极参与的有效武器:一是大数据,二是高规格,三是社交网络。

1. 大数据

如今的互联网企业,基本都离不开大数据,爱彼迎也不例外。通过大数据,爱彼迎能够发现房东和租客有几个共同好友,有什么共同爱好等,以此作为依据,可以为客户提供更精准的服务。

2. 高规格

出国旅行已经成为很多人日常生活的一部分,再在朋友圈里晒些旅游景点、豪华酒店的照片,已经难以引起好友的关注。想要吸引朋友的关注,必须展现一些更高规格的东西才行。爱彼迎没有豪华的装修,但是有各种各样风格的房子可供选择。每到一处,都能找到新奇而特别的住处,这会对客户产生极大的吸引力。

3. 社交网络

做酒店想要成功,自然需要很大的客流量。爱彼迎并不依托传统的订房网络,而是依靠客户的社交网络搭建起巨大的流量平台。在这个社交网络里,租户能与房东建立更多的联系,收获不一样的体验。这种模式让客户的旅行变得有趣起来,人们在旅行结束之后,有很多真实而有趣的故事可以回味。

这3种武器融合在一起,让爱彼迎显得与众不同,客户在这里不仅可以得到更加丰富多彩的消费体验,还能享受到极具个性化的服务。这让客户愿意持续参与其中,并在自己的社交网络中不断进行推介,使爱彼迎得到了迅速的传播,其知名度也越来越大。

管理大师普拉哈拉德认为,一股革命性的力量正在逐步形成,未来企业的竞争将以个体为中心,由消费者和企业共同创造价值。之所以产生这样的认知,是因为随着互联网的发展,消费者正越来越多地参与到企业生产、销售产品的整个流程中。消费者参与的程度越高,对产品的热情就越大,就越有可能成为产品的忠实拥趸。

所以说,不断给客户带来新鲜感和优良的体验,让他们主动参与到产品及品牌的建设中,将对爆点的引燃起到极大的推动作用。企业应该抓住这一点,不断引导客户,让他们为产品的引爆持续贡献热情和力量。

借力热点事件，引爆社交网络

如今，信息流转速度加快，人们即便远隔千里万里，也能在事件发生之后的很短一段时间内得到相应的消息。对企业来说，那些迅速传播的热点事件，往往是引燃爆点的极佳载体。

上热搜、上头条，都能让一个人迅速产生知名度，而且基本无须自己进行推广。这是因为，现在的网络覆盖面广、使用者多，任何一个小小的话题，都可能在一瞬间传遍整个世界。如果能让一些明星也参与其中，那么传播速率将会大大提升，传播范围将会有效扩大。

那么，我们究竟应该怎么借力热点事件呢？借力的过程中，我们又该注意些什么呢？

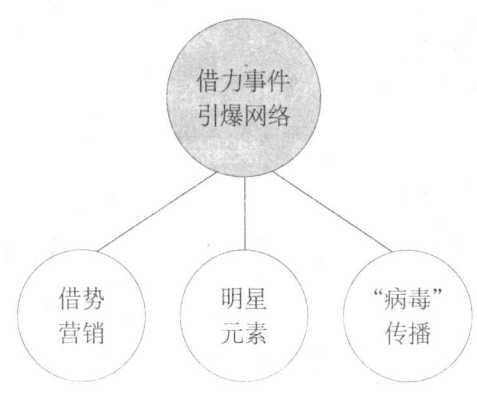

依靠借势营销

一般来说，借势有两种方式：第一种是借自己的势，第二种是借别人的势。

两种方式相较而言，第二种被使用得更多一些。比如小米，在推出红米手机时，小米就联合QQ空间做了一个10万台的首发式。结果，一共有将近750万人参与其中，而小米手机QQ空间的粉丝迅速增加了1000万。

小时候，在大街小巷，总能听到这亲切的声音："甜酒，卖甜酒……""收废品喽……"如今，这如戏曲般的吆喝声早已听不见了，随之走远的，是那铛铛作响的金属撞击声。2016年，湖南益阳方言歌手小亮的一曲《甜酒》在网络点击量高达500万次，我立即找到小亮，然后把他推荐给我们全程策划服务了3年的快递公司——速腾快递，借势推出《快递》歌。《快递》歌在几乎没有推广费的情况下点击量也突破了50多万次。

当然，借自己势的，也不是没有。比如，京东创始人刘强东的妻子被称作"奶茶妹妹"，他们两个时常成为新闻热点，于是京东借势开了一家智能奶茶馆。

无论哪种借势，目的都是一样的，那就是依靠已有的优势去提高传播效率，获得更大的市场。

增加明星元素

在很多场合中，明星都具有强大的震慑力和吸引力，一旦热点事件中有了明星的身影，那么热度无疑会进一步上扬。

明星的号召力是惊人的，所以才有那么多的企业愿意找明星代言，那么多的节目愿意花钱请明星参加。有了明星，就意味着有了较高的关注度和曝光度，这对产品的传播和引爆有极大的好处。比如，很多人都很熟悉的《奔跑吧，兄弟》，每期除了固定的几位明星之外，还会有一些特邀嘉宾参与其中，这让观众们有了更多的期待及持续更新的话题，为这个节目的持续火爆提供了足够的燃料。

在节目中，诸多明星的出现，能够带动不同的粉丝群体积极进行观看，这对收视率的提升具有十分重要的推动作用。

2011年11月，我们携手富锦食品，在深圳大中华喜来登大酒店举行盛大的招商会，大S被邀请出席富锦月饼及草饼的代言，500名经销商代表全程参加，各大媒体现场出席，富锦食品迅速提高了知名度。

通过"病毒"进行传播

"病毒"传播在营销界占有十分重要的地位。在进入互联网时代之后，"病毒"有了更大的施展空间，发挥着越来越重要的作用。

制造"病毒"，首先要保证其创意，好的创意才能吸引人；其次是要找到第一批"感染者"，有了他们，传播更容易；最后是要找到合适的载体，客户自主传播的效果比广告效果要好成千上万倍。

一些有远见的公司，甚至早就下定决心，不在广告上花费金钱。因为他们觉得，用钱买不来客户的忠诚。在这方面，优步（Uber）公司就走在了前列。优步公司所做的一系列推广，如优步舞狮、一键叫直升机等，都是进行资源互换，并没有花费一分钱的广告费。

优步公司信任"病毒"传播，也善于运用"病毒"传播，这让他们在成功的道路上越走越远的同时，也收获了大批的粉丝。

爆点的引燃，需要大众传播的持续助力，而热点事件的出现，可以有效加快这一进程。公司通过一系列有效的手段，不断提升产品的热度，可以让产品以更快的速度引爆市场。

引爆产品的四大定律

现在的市场上充斥着琳琅满目的产品,各行各业竞争激烈的企业林立,想在这个环境中打造爆品,对于任何一家企业来说都是非常困难的。而且,爆品涉及的领域不尽相同,面向的受众也有所不同。

于是,一些人认为,大部分爆品的出现极具偶然性,即便是通过设计、研发打造出的爆品,也没有太大的参考价值。事实果真如此吗?

当然不是!虽然爆品所涉领域不同,面对的客户群体也有差异,但是我们抽丝剥茧地进行分析,依然可以发现其中存在的一些共性。

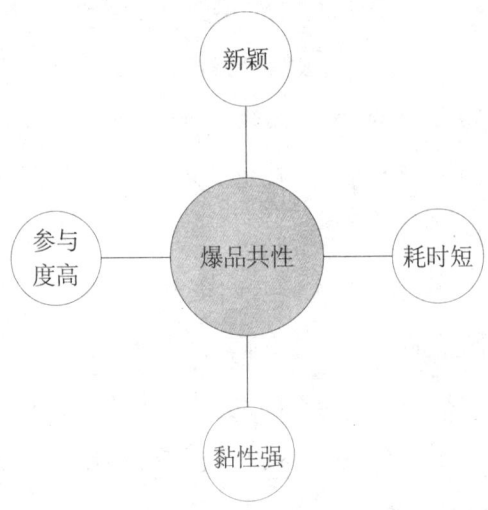

新颖是制胜之道

在产品更新迭代的速度日益加快的大环境下,产品之间的竞争不仅体现在品质上,也体现在新颖上。那些与众不同的产品,往往更容易引起客户的关注。

在市场上,当一款爆品出现之后,往往会出现很多复制品或山寨货。这类产品模仿痕迹明显,虽然能在一段时间内吸引一部分客户的关注,但是并不利于品牌建设,也无助于企业提升竞争力。

2012年1月,响法受方太厨具的委托,秘密对未来新产品做探测性需求洞察。因为方太油烟机市场占有率已经很大,增量空间有限,只能靠新颖的产品来扩大销售额。我们当时对行业及需求进行了3个多月的市场及入户研究调查,发现很多人在家吃完饭不想洗碗,我们与方太新产品研发部门大胆探索,最终向决策委员会提交了3个新产品的方向,其中就有水槽式洗碗机。水槽式洗碗机如今已是市场爆品,成为方太主推的新产品。

耗时短让客户上瘾

产品引爆市场之前,研发人员要进行多次调研和尝试,只有这样才能了解客户的真实需求并检验产品能否吸引客户。

经过长时间的调研和尝试,一些游戏研发人员发现,操作简单、耗时较短的游戏应用,往往更受客户的欢迎。其中的道理其实不难理解,在这样一个竞争激烈、时间宝贵的时代,每个人都很珍惜时间。游戏越能为客户节约时间,越受客户青睐。

实际上,不仅是游戏应用,许多爆品都符合这一定律。耗时越短,需要客户付出的资源和成本越少,产品越容易抓住客户的心。

2017年底,抖音短视频迅速火爆,用户可以用15秒及60秒时间尽可能展示想表达的东西,结果注册用户飙升,抖音成为继微信后增速最快的社交软件,用户兴叹"抖音有毒"。

较强的黏性

能够引爆市场的产品,无一不是具有较强的黏性。这是因为,具有较强黏性的产品,才能得到客户的认可;而黏性较低的产品,则很难留住客户。

换言之,黏性越强的产品,越能培养客户较高的忠诚度。由此可见,产品黏性的强弱与客户的忠诚度有着十分紧密的关系。

在市场上,有些企业就是因为忽视了产品的黏性,才在打造爆品的道路上栽了跟头。有的产品即便上市初期受到了颇多关注,也会因为黏性较低而迅速被客户抛弃。

客户参与度高

在信息浩如烟海的今天,人们每天都要接触难以计数的信息。客户已经习惯了从大量信息中迅速筛选出自己感兴趣的信息。然而,在诸多的信息中,能够引起客户兴趣的信息毕竟是少数,大部分的信息都将面临被淘汰的命运。

引起客户的关注,甚至引发客户的购买欲望,让客户积极参与其中是一个很好的途径。只有让客户主动参与,不断提高参与度,产品才能深入人心,迅速传播。

【案例】魅蓝手机：引爆流行背后的工匠精神

近年来，随着智能手机的兴起，中国国内的智能手机厂商如雨后春笋般建立起来。随着越来越多的企业投身智能手机界，智能手机市场的竞争越来越激烈。

就市场上的大部分产品而言，同质化问题其实比较严重，从硬件设置和内部系统等方面来说，各家的产品差异不大。面对这样的市场现状，手机厂商想要脱颖而出，最简单、最有效的方法就是打造爆品。

信息时代的悄然降临，不仅让信息传播速度有所提升，传播范围有所扩展，也让信息的准确性有了大幅提高。消费者对产品信息的了解越来越多，信息的不对称现象逐渐淡化，长尾效应则越来越明显。尤其是在人口众多的中国，即便只是非常小众的一款产品，也有可能赢得数量庞大的消费者。所以说，仅仅依靠一款单品打造属于自己的商业帝国，也并非没有可能。

事实上，长尾效应不但为产品变爆品创造了条件，也让爆品成为企业在互联网时代赢得消费者的绝佳武器。在传统模式下，处于落后位置的品牌产品，可能因为市场信息不对称，或是处于领先地位的品牌产品覆盖范围有限，而在市场夹缝中赢得一丝生存的机会。但是，在互联网时代的市场上，信息透明度极高，消费者能从网上详细了解到所有产品的优缺点，并据此做出自己的判断。由此不难看出，信息透明度的增加，要求企业必须做出品质更高、知名度更高的产品。只有这样，企业才能在激烈的竞争中杀出一条生路。

在这场不见硝烟的战斗中，魅族手机走在了市场前列，赢得了生存的机会。

2015年，京东"双11"活动的数据显示，在智能手机领域，魅蓝metal是最先突破1亿元销售额的产品；2016年，在京东"618"大促期间，魅蓝Note 3占据了智能手机销售排行榜头名位置。从国产手机的销售量来看，魅族手机的表现同样抢眼，连续多年占据前三位置。

那么，魅族是如何在激烈的竞争中突破自我，打造出数款爆品的呢？

追求精益求精的品质

魅族科技能够数次打造出爆品，与其对品质的孜孜追求有着十分紧密的关系。一直以来，魅族科技将工匠精神贯穿于企业的发展之中，对品质有着执着而坚定的追求。

对于产品的品质或技术，魅族科技总是要求员工尽最大的努力做到最好，哪怕只有0.01%的提升，也愿意为此竭尽全力。魅族科技对每款手机都耐心地打磨，精心地雕刻，如同打造艺术品般追求极致的效果。在诸多的优质产品中，魅蓝Note 3无疑是一款极具代表性的产品。

从外观上说，魅蓝Note 3采用了金属机身，机身弧线又几近完美，经过喷砂工艺处理之后，手感舒适度得到了大大提升；魅蓝Note 3的屏幕采用了2.5D的弧形玻璃，与金属机身实现了极致对接，完美地展现了简约、精致、圆润的视觉效果。另外，魅蓝Note 3的Home键沿用了Note 2的mBack物理键，并将mTouch 2.1前置指纹识别功能融入其中，使指纹解锁过程达到了0.2秒。

在产品功能方面，魅蓝Note 3也极具竞争力。拿拍照功能来说，魅蓝Note 3配备了1300万像素的主摄像头以及5P镜头、F2.2光圈、双色温闪光灯等；前置摄像头的像素达到500万，同时配备F2.0的光圈，与系统的Face AE面部曝光增强算法等配合，可以满足用户的自拍需求。

除此之外，魅蓝Note 3在网络配置、续航能力、系统应用等方面，对品质的追求也是极致的。魅族科技对品质精益求精的追求，是其打造爆品过程中不可或缺的推动力。

为青年量身打造智能手机

2014年2月，黄章回归魅族科技。这一事件可谓魅族科技的发展拐点。

黄章回归之后，魅族科技抛弃以往的"高冷"路线，改走亲民路线，为青年量身打造出魅蓝系列手机。由此开始，魅族科技的多款智能手机在市场上逐渐占据份额，魅族科技实现了里程碑式的发展。

魅蓝手机问世之前，市场上也有很多千元级别的智能手机，但是并没有专门针对青年群体设计的高品质手机。魅蓝Note的出现，不仅是魅族科技的第一款千元级别的手机，更是第一款为青年群体量身打造的手机。

魅族科技将为年轻人打造优质手机视作自己的使命，这也是魅族科技长期发展的目标所在。在研发每一款手机的过程中，魅族人都力争从价格、品质等方面为年轻人带来最好的体验。

当然，魅族科技在打造产品的过程中，并没有简单地追求性价比，而是对产品的设计和品质都十分关注。魅蓝Note上市时的价格是999元，虽然比竞争对手红米Note高出100元，但是魅蓝Note在设计上采用了与iPhone 5c相同的工艺，这让它成了千元级别手机中的精品。

目前，国内市场上千元级别的手机竞争已经进入白热化阶段，为了抢占市场，赢得消费者的关注，许多企业在手机的外观、价格等方面大做文章，却忽视产品的工艺、设计等基础性的内容。魅族科技因坚持对品质的追求，坚持为年轻人提供优质的消费体验，而深受年轻人的推崇。

采用抓人眼球的营销策略

在这样一个人人追求爆品的时代，其实只要一个战略单品，就能让企业迅速焕发生机。

当然，既然是战略，就不得不说，爆品的出现不仅要求产品具有优良的品质，还需要借助抓人眼球的营销策略。

从营销的角度而言，想要打造一款爆品，首先要充分地了解消费者的真实需求，并以这些需求作为中心，尽量打造既能满足消费者需求又有较高品质的产品。有了这样的基础，再辅以适当的营销手段，产品才有成为爆品的可能。

魅蓝Note 3能够成为爆品，与魅族科技为它做的营销策划有着密不可分的联系。京东"618"大促之前，魅族科技就提前为魅蓝Note 3造势，比如：告知消费者在6月18日当天，魅蓝Note 3将无限量低价销售；部分魅族手机以61.8元的低价出售；等等。经过一段时间的造势之后，魅蓝Note 3成为消费者抢购的目标，这让它一时间成了市场上的爆品。

在互联网时代，信息碎片化的情况越发显著。能给消费者留下深刻印象的，往往并不是那些大而全的产品，而是一些精致、细化的单品。可以说，谁能从庞大的市场中找到独具特色的产品，并以精益求精的态度将这一特色做到极致，谁就拥有了打造爆品的基础，再加上一些巧妙而新颖的营销策略，一款爆品也就呼之欲出了。

第六章

物超所值,寻找引爆的价格点

从消费者的角度而言,产品的价格对其购买决定有着直接而深刻的影响,而且这种影响与消费者的购买能力没有任何关系。无论是富人还是穷人,都希望能够买到物超所值的产品。这是由人的心理决定的,毕竟没有人愿意吃亏。只有那些性价比较高的产品,才能让消费者得到心理上的满足,爽快地做出购买决定。所以说,产品的价格对其能否成为爆品有着十分重大的影响。

性价比高的产品，更有成为爆品的潜力

任何一家企业，都将盈利视作最终的目标，所以总希望以最低的成本制造出最高价的产品；而消费者呢，往往希望用最低的价格买到品质最好的产品，以实现个人利益的最大化。从这个角度来说，企业和消费者在产品价格方面处于对立的地位。因此，企业必须在遵循市场规律的基础上，为产品制定合理的价格，这样才能为企业树立良好的口碑，最大限度地提升企业的竞争力。

价格是把双刃剑

给产品定一个相对较高的价格，可以帮助企业以较快的速度收回成本，并最大限度地获取高额利润；给产品定一个相对较低的价格，则能为企业带来较好的口碑，赢得更多消费者的认可。由此不难看出，价格对企业来说是

一把双刃剑，如何用它，要看企业自己的选择。

家乐福是人们都很熟悉的一家连锁超市，在市场上享有很高的地位。

在经营过程中，家乐福始终坚持自己的销售策略：敏感性商品超低价，非敏感性商品贡献价，自有品牌权变价，进口商品模糊价。比如，可乐等敏感性商品，家乐福一般都会特价出售，这样会让消费者产生物超所值的感受，从而让消费者主动将家乐福作为购物的第一选择。

很多人可能不明白：家乐福这样的定价策略确实为自己赢得了口碑，但是利润如何保证呢？答案很简单，家乐福是通过国外知名品牌、自有品牌等高价非敏感性商品获利的。

家乐福通过定价策略，吸引了消费者前来购物，进而为其他产品带来更多的销售机会。由此不难看出，适当的价格才能吸引足够的消费者，而足够的客流量，则是打造爆品的前提之一。

价格对购买决策有重大影响

随着市场的透明度越来越高，消费者的消费行为也变得越发理性起来。在购物的时候，消费者对产品的性价比越来越看重。一般来说，在功能相似的诸多产品中，价格较低的一款会比较受消费者欢迎，而且消费者很乐于将自己的选择和身边的人共享。这样一来，企业的口碑在无形中便树立了起来。

世界零售巨头沃尔玛始终坚持"天天低价，天天新鲜"的经营原则，这一原则吸引了很多消费者关注的目光。

一旦消费者走进沃尔玛，他们就会发现，在这里不仅能买到性价比较高的商品，良好的购物环境也让人感到惬意。"天天低价"在为消费者带来切实优惠的同时，也为沃尔玛打上了"便宜"的烙印，这为沃尔玛积累了较高的人气和良好的口碑。

对消费者而言，在沃尔玛购物能够得到比较满意的消费体验，这让很多消费者自然而然地将沃尔玛视作自己的第一购物场所。

沃尔玛用"低价"吸引消费者，为消费者带来实惠的同时，也为自己赢得了口碑，这是它能够长期屹立不倒的关键所在。当然，沃尔玛不仅提供低价，也提供高品质，较高的性价比让它成了消费者的宠儿。

高性价比不意味着牺牲质量

高性价比是打动消费者的一条有效途径，追求高性价比也成为很多企业打造爆品的重要选择之一。然而，并不是所有的企业都能以正确的态度和方式去面对高性价比这一撒手锏。

很多企业为了追求较高的性价比，选择了降低价格，但是，随着价格的降低，产品质量也随之下降，这无疑会对消费者的使用体验产生负面的影响，导致消费者对企业产生不满，使得企业的发展受到负面的影响。

性价比较高的产品，往往会对消费者产生较大的吸引力，这会为企业带来较大的客户流量，为打造爆品创造基础条件。所以说，相较而言，性价比高的产品，往往更具有成为爆品的潜力，也更容易成为爆品。当然，这一切要建立在保证品质的基础之上。只有品质高而价格低的产品，才是真正具有较高性价比的产品，才能赢得消费者的青睐。

抓住客户的心理，价格才有竞争力

在决定购买一件产品之前，客户对产品的价格都有一个心理预期。这种心理预期的价格，是消费者自己给产品定出的认为合适的价格。如果产品的实际价格低于心理预期的价格，客户就会觉得物超所值，很可能立即做出购买决定，购买客户足够多的话，很容易引发一场抢购热潮；如果产品的实际价格远高于心理预期的价格，客户就会认为产品价格太高，不值得购买。

由此不难看出，企业只有抓住客户的心理，才能制定出具有竞争力的价格。那么，企业应该怎样确定客户的心理价格呢？

根据客户的经济实力确定心理价格

客户的心理价格，与很多因素都有关系，而客户的经济实力，对其心理的影响无疑是巨大的。客户经济实力较强，对高价产品的接受程度相对较高；客户经济实力较弱，对高价产品的接受程度则相对低一些，所以企业在制定价格时，必须对客户的经济实力做细致的考量。

在哈佛商学院的一节课上，教授要求学生熟读10多页的成本数据，然后给3个产品定价。学生们按照教授的要求，用了很多时间去计算各种成本，并参照不同的成本定价模型，制定出理想中的价格。最后，他们向教授演示了给出定价的整个流程，并将最终定价告诉教授。

然而，学生们所做的一切都没能让教授满意，他全盘否定了几个定价，并说："你们都错了！因为你们在定价的时候眼睛都死死地盯着成本，却没有关注这几个产品的目标消费群体具有怎样的经济实力。如果产品的目标消费群体是富裕阶层，而你的定价却很低，那么产品自然无人问津。"

从教授的话中，我们不难看出，不同群体具有不同的经济实力，所以对相同产品的心理价格也是不同的。相对而言，富裕群体的心理价格明显比普通群体更高一些。

所以说，企业在制定价格之前，一定要对产品的主要客户进行详细的分析，根据客户的经济实力去预估其心理价格，之后再制定出更加合理的产品价格。

评估客户对产品价值的具体看法

无论什么产品，客户对其都会有自己的看法。无论看法是好还是坏，是欣赏还是否定，企业都应该评估和了解客户的看法，在此基础上进行定价，往往更能让客户接受。

葛兰素史克公司推出治疗胃溃疡的药物善胃得之前，曾对市场进行调研。公司认为，相较于市场上的同类产品而言，善胃得的剂量更小，副作用也更小，能和其他的药物同时服用，而不会产生不良反应。鉴于这些特点和优势，公司内部的评估是：善胃得对客户具有较大的价值，能够有效吸引客户的注意力。

结果证明，葛兰素史克公司的评估没有错。尽管善胃得的价格高于大部分同类药物，但是只用了短短4年时间，善胃得就成了市场的领跑者。

不得不说，善胃得能够成为市场领导品牌，与葛兰素史克公司对客户心理的准确揣摩有着极为密切的关系，公司准确评估了客户对善胃得价值的看法，由此制定出能够吸引客户的价格。

客户对产品价值的看法，直接影响着他们的购买决定。只有产品价值较高甚至超出客户预期的时候，客户才愿意主动购买；反之，如果产品价值远低于客户预期，客户往往很难对其产生兴趣。

考虑竞品对客户的吸引力

无论是什么产品，或多或少都有竞品存在。面对不同的产品，客户总习惯于货比三家，从中选出自认为最有价值的产品。对企业而言，想要制定一个比较有吸引力的价格，显然要考虑竞品对客户有多大的吸引力。

通常而言，客户会比较关注产品的价格、性能、质量等。在质量和性能优于竞品的情况下，企业可以为产品制定稍高于竞品价格的价格；在质量和性能与竞品相差无几的情况下，企业可以考虑为产品制定稍低于竞品价格的价格，以增加吸引力；在质量和性能劣于竞品的情况下，企业绝对不能为产品制定高于竞品价格的价格，否则就是自取灭亡。

为产品制定价格，是一门繁杂而深奥的学问，也是每家企业都必须面对的难题。谁能抓住客户的心理，谁就掌握了解决难题的钥匙，谁就最有可能走上打造爆品的康庄大道。

爆品定价的6个策略

在给产品定价的过程中,企业需要考虑诸多因素。稍有不慎或是考虑不周,企业就可能在价格战场上一败涂地,打造爆品的梦想就会由此成为镜中花、水中月。

对企业而言,为产品制定合适的价格,是打造爆品的必修课。企业只有掌握相应的定价策略,才能制定出令消费者满意的价格,进而让产品顺利走上爆品之路。

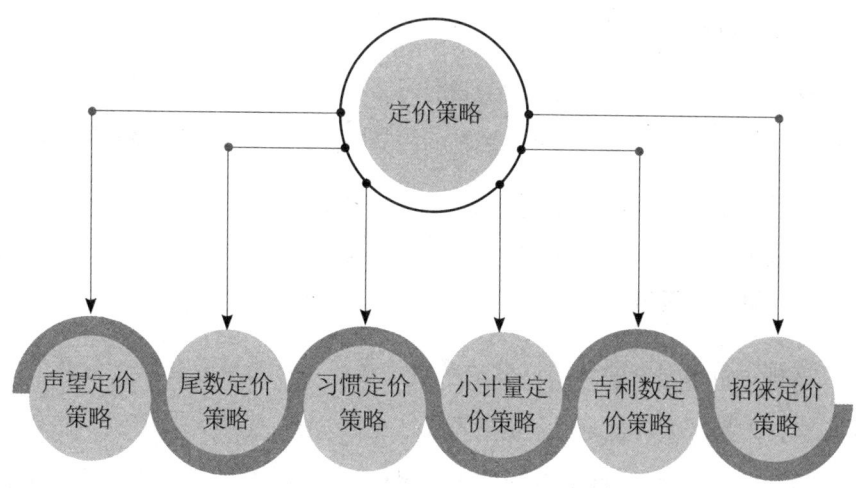

声望定价策略

这种定价策略,主要是抓住消费者对名牌产品或知名企业的仰慕心理,制定出一个较高的价格。一般来说,在针对高地位、高收入的消费群体时,这个策略比较常用。在定价时,企业最好将价格定为整数,因为这个消费群体通常不会受蝇头小利的影响,而是对产品的声望有较高的需求。

尾数定价策略

这种定价策略,与声望定价策略有所不同。在定价的时候,企业要特意让价格以零头结尾的形式出现,以此表明该价格是经过精心计算得出的,让消费者产生价格合理、企业务实的感觉。比如,采用声望定价策略时,产品价格会定为100元;而在尾数定价策略中,产品的价格则会定为99元。虽然只有1元钱的差价,但是后者往往会让消费者觉得便宜了很多。在实际生活中,这种定价策略十分常见,而且效果很好。

习惯定价策略

这种定价策略,就是根据消费者的习惯心理来制定价格。在长期的消费过程中,消费者已经对一些经常购买的产品形成了固定的价格标准。针对消费者的这一心理,企业可以对一些产品实行固定定价,以此吸引消费者。

小计量定价策略

这种定价策略,具体可以分为两种情况。第一种情况是,部分商品价格昂贵,如果以大计量定价,消费者往往觉得太贵,有些难以接受。比如,常见的名贵中药材,商家往往以克为计量单位,而非常见的千克,这会让消费者更愿意接受。第二种情况是,利用错觉定价。比如,同一种食品,如果

1000克包装的是10元1袋，800克包装的是8.5元1袋，那么很多消费者往往乐于购买后者。

吉利数定价策略

这种定价策略，是抓住消费者讨喜的心理进行定价。在中国人的传统意识中，6、8之类的吉利数字往往能给人带来好运，这也让以此类数字定价的产品更受消费者欢迎。比如，很多企业将价格定为188、666、888等，正是抓住了消费者的这一心理。

招徕定价策略

这种定价策略，主要是抓住消费者追求廉价的心理，以较低的定价来招徕消费者。比如，很多商家以"优惠酬宾""清仓甩卖""超低折扣"等噱头来吸引消费者，消费者进店之后，通常不仅会购买廉价商品，还会选购一些正常价格的商品。

根据不同的产品、不同的环境以及不同的消费群体，采取不同的定价策略，才能制定出更加符合消费者预期的价格，以吸引消费者进行消费。可以说，在产品进化成爆品的过程中，定价策略起到了举足轻重的作用。

爆品定价的3个误区

对很多企业来说，为产品定价不仅是一件繁杂而艰难的工作，更是一个决定企业生死的关键步骤。尽管有相应的定价策略作为支撑和依据，有些企业也难免陷入误区，并最终因为错误的定价而尝到失败的苦果。

在定价的过程中，有些企业很多关注眼前的利益，有些企业只考虑自己而不关注消费者，有些企业会犯下其他的错误。总之，很多企业常常被定价误区所困扰，难以实现打造爆品的梦想。通常来说，定价的误区有以下3个。

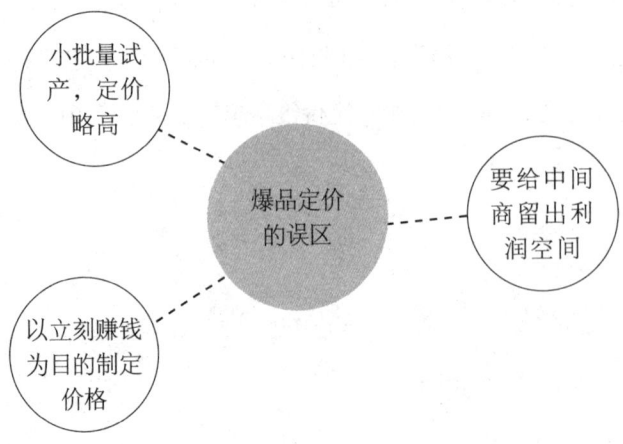

小批量试产，定价略高

部分企业认为，在小批量试产的时候，可以将产品的价格制定得略高一些，因为产量较小，注定成本较高，只有定价高一些，才能得到相应的利润。

一家生产儿童智能玩具的企业准备推出一款新型玩具，在大批量投产之前，准备先投放少量产品，观察一下市场反馈。

在为试产产品定价时，公司内部出现了一些分歧。一部分人认为，小批量生产成本相对高一些，所以定价也应该高一些；等大批量生产时，可以根据具体成本适当降低价格。另一部分人则认为，想要打造爆品，就应该保证价格和品质的一致性，如果小批量产品的价格高于大批量产品的价格，则对前期购买产品的客户是不公平的，这会引起这部分客户的不满，进而对企业失去信任。

经过认真而严肃地讨论之后，后一种观点最终得到了认可。在这款玩具进入市场之后，风头一时无两，很多家长争相为孩子购买。

试想一下，如果该企业给小批量产品制定了较高的定价，即便当时市场反馈良好，待大批量上市之后，客户发现价格有所降低，他们会怎么想呢？他们很可能觉得不公平，也可能对品质产生怀疑。无论是哪一种，都会对企业的信誉产生消极的影响。

对渴望打造爆品的企业而言，为小批量产品制定高价的策略是行不通的，这样做爆品永无出头之日。所以为产品定价时，企业要按照量产成本进行计算，不能因为小部分产品而影响整个价格体系。

以立刻赚钱为目的制定价格

任何一家企业做爆品，都是为了获取利益，为企业赢得更大的发展空间，这绝对无可厚非。只不过，企业获取利益的方式有所不同，有的企业在前端获益，有的企业在后端获益。具体如何操作，要看企业自己的选择。如果抱着立刻赚到钱的想法去制定价格，那是很难打造出爆品的。

2015年下半年，小米公司推出了一款空气净化器，定价仅为699元。而市场上同级别的空气净化器，价格都在1500元以上。业内人士都很清楚，以这样的价格，小米一分钱都赚不到。

难道小米公司是在赔本赚吆喝吗？

当然不是。这款净化器3个月就要换一次滤芯，小米正是通过高频次更换的滤芯赚钱。

小米公司为空气净化器制定的价格，在业内人士看来简直难以理解。换作一些想要立刻赚钱的企业，也许会把价格定在2000元以上，毕竟小米公司的声望摆在那里，对消费者会有很大的吸引力。然而，小米公司没有这样做。小米公司制定的低价，很好地抓住了消费者。就这样，小米公司不仅在前端将这款净化器打造成爆品，还在后端获取了更大的利益。

为爆品定价，企业不能仅仅考虑立刻赚到钱，还要考虑吸引和积累客户。有了足够的客户流量，企业才能在后端赚取更多的利益。

要给中间商留出利润空间

在传统的营销模式中，中间商是很重要的一个组成部分，只有保证他们能够获得足够的利润，才能刺激他们销售更多的产品。但是随着市场的变化，如今消费者更多地参与到营销的过程中，他们对价格有了更加敏锐的触觉。一款产品，价格必须符合甚至低于大部分消费者的预期，才有成为爆品的可能。在这种情况下，中间商对利润的诉求应该有所降低，企业也不应该将中间商的利润看作营销重点，而应该更多关注如何保证消费者的利益。

在给爆品定价的过程中，企业难免会遇到这样那样的问题，也有可能走进某些误区，这些困难是现实存在的。企业只有谨小慎微、严肃认真地对待定价问题，才能最终确定一个令消费者和企业都满意的价格。而这个令双方都满意的价格，是爆品不可或缺的重要元素之一。

【案例】4年时间，速腾如何快速成为行业黑马

电商的崛起，使得快递行业产生众多超级富豪，顺丰及"四通一达"上市更是让快递行业成为热门行业。但是在市场的巨大浪潮中，依然有很多快递企业纷纷被击倒，而吕琨创立的速腾快递则快速成长为行业黑马的杰出代表。

2013年8月，速尔快递创办人吕琨收购一家成立12年的快递公司，每月亏损60万元；

2014年1月，快递公司在响法策划的全程策划下更名为速腾快递，每月亏损10万元；

2014年6月，速腾快递日单量超过10万单，成为广东快递企业增量最快的企业，每月利润约30万元；

2015年1月，速腾快递开始从广东走向江西、浙江、江苏、福建、湖南，成为成立时间最短就开通全国线的快递公司；

2016年3月，速腾快递日单量超过50万单，成为行业的黑马。

……

速腾快递在市场环境恶劣、竞争激烈的情况下取得的这一系列成就，证明速腾快递在品牌塑造道路上的成功。之所以会有这样的结果，是因为吕琨对物流行业有了比较清晰的认识，他知道如何利用性价比的价格体系去赢得

竞争。

速腾快递的成功，让它成为很多业内人士的研究对象。

经过研究发现，中国大多数的小企业平均年龄才2.9年，这就说明很多企业还没有正式竞争就已经倒下。可是速腾不单在创立之初就已经立足，更重要的是它从最初的弱小迅速成长并且不断扩大，这是其他企业最值得学习的地方。

彻底"归零"，重新出发

所谓"归零"，就是将自己过去的思维、行为方式等全部忘掉，让自己彻底放空，回归初始状态。这一点，相信很多人都做不到，因为很少有人愿意重新来过，很少有人能对自己这么"残忍"。

大多数人都认为，特斯拉这种颠覆式创新会让它超越宝马，但是任正非并不同意这一观点，他觉得，只要宝马不断地改进，不断地接收新东西，宝马也能从特斯拉那里学到有用的东西。

其实，在创办速腾之前，吕琨曾经参与创办了龙邦物流及速尔快递两家物流公司，只是作为公司创始人及董事，并没有参与公司的具体管理等工作。所以，吕琨非常看好物流行业，并且希望创办一个较为伟大的企业，于是在2013年斥资收购了一家存在了12年的快递公司。收购之时，该公司每个月亏损约60万元。由于该公司是第四次易主，大家对公司已经完全丧失信心，公司岌岌可危。吕琨并没有因为自己曾经创办过物流企业而信心满满，反而他秉持彻底"归零"的心态，于是，他找到了我。我们晚上9点见面，一直聊到了凌晨3点，他希望我给他的企业策划一次新老板与加盟网点的联谊会。

我看到吕琨的决心以及决策力，我与团队同事迅速展开头脑风暴，策划了一场主题为"携手共创"的加盟商联谊会议。会议上，一个终生难忘的长筷子中秋晚宴在广东丰达速递总部——东莞虎门浓情上演，来自深圳、广州、清远等珠三角地区的200多个站点负责人以及公司的管理层与员工们，欢聚一堂，其乐融融。长筷子宴，让他们记忆深刻：这是一个共生的社会，不是独我而存在，所以要合作；这是一个共赢的时代，没有独赢的商机，所以要协同；这是一个共享的市场，没有独吞的生意，所以要分享；这是一个共创的企业，没有独自的理念，所以要共梦。

"弯道超车"，速腾迅速超越对手

速腾快递的成功，不仅因为吕琨能够彻底"归零"，也因为他懂得如何在"弯道"超越对手。这里所说的"弯道"，其实就是指市场的战略机会点。

吕琨很清楚，在面对电商崛起这种巨大变革的时候，仅仅向对手学习经验是不够的，还要拥有自己的核心竞争力，这样才能在"弯道"处成功超越对手。

在做大件快递的时候，速腾也认真分析过自己的战略机会点。他们发现，在文件快递方面，顺丰占据绝对优势；在电商方面，则是"四通一达"占据优势地位；自己的优势，则有两个：一是大件物流，即打板样品及批量交货物流方面，二是物流速度及价格优势。速腾斥巨资研发了自有的信息系统，这在全广东领先。另外，在扭亏的同时，速腾又投入了大量的资金建立了全广东物流公司一流的物流运转中心，占地2公顷，日运单能力100万单。

经过坚持不懈的努力，速腾快递最终成为广东成长速度最快的物流公司。在品牌建设方面，速腾也拥有了更强大的核心竞争力。

速腾快递就是这样，能牢牢抓住市场的战略机会点，在"弯道"处给予对手重重一击，击败对手的同时，也为自己赢得了更加广阔的发展空间。

第七章

构建品牌，形成优势竞争壁垒

挖掘产品的品牌名和属性名，是打造爆品的第一步。对打造爆品而言，这是一项十分必要且重要的工作。一款爆品的品牌名，要有自己的内涵和个性，这样才具有较高的辨识度，才能给客户留下深刻的印象。一旦品牌力形成，产品就有了坚固的壁垒，就会形成强大的竞争优势，这对于企业打造爆品是极为有利的。

品牌命名，新生产品走进客户心里的第一步

名不正则言不顺，言不顺则事不成。其实，对一个品牌而言，最重要的就是名字。

可是，很多企业老板对名字的重视程度并不高，要么根据个人喜好取了一个名字，要么请风水先生根据生辰八字取个名字。事实上，我们和人交往的时候，往往通过名字对其产生第一印象。客户在购买产品的时候，通常也会根据名字对其产生最初的认知。

任何一款产品，都有其相应的品牌和属性名，它们就跟人的姓名一样。其中，品牌相当于产品的"姓"，属性名则相当于产品的"名"。举个例子来说，德芙是品牌，巧克力是属性名。

下面，我们通过一个表格来认识一下品牌和属性名之间的关系。

品牌	属性名	心智资源	衍生产品
海飞丝	洗发水	去屑	护发素等
炫迈	口香糖	持久	单一产品
德芙	巧克力	丝滑	士力架等
小米	智能手机	性价比高	移动电源等

从表格中不难看出，爆品不但需要品牌，而且要在品牌建设方面倾注更

多精力。因为一旦形成品牌号召力，爆品就能衍生出更多的产品，为企业开拓更大的发展空间。毫不夸张地说，品牌命名是很多新生产品走进客户心里的第一步，也是非常关键的一步。

时代不同，品牌命名的特点也不同

在不同的时代，人们的喜好有所不同，潮流趋势也有所不同，所以品牌命名的特点也有所不同。可以说，每一个品牌，都有时代的烙印，透过品牌，我们总能窥探到品牌建立时的时代背景。

一些较早的品牌，喜欢以吉祥美好的寓意来命名，大家比较熟悉的有红双喜、同仁堂等。一听到这样的名字，我们总能感受到其中蕴含的深刻文化内涵。

在中国企业刚刚导入品牌VIS系统时，很多企业选择以一些好听的单词为品牌命名，大家比较熟悉的有海尔、格力等。

而在互联网时代，品牌的命名出现了新的趋势——追求简单直接。大家比较熟悉的有滴滴、饿了么等。这些名字看起来没有什么深刻的内涵，但是因为简单易记，反倒给消费者留下了深刻的印象。

让客户明确知道产品是什么

互联网时代的到来，给企业带来了更多的想象和创意空间，也给品牌命名带来了更多的可能。然而，有些企业对创意产生了某些误解，为了追求与众不同，便脑洞大开地为产品命名，结果使得客户完全搞不清楚企业售卖的究竟是什么产品。

这类让人云里雾里的名字，会让客户心生疑惑甚至反感。如果产品实在无法用属性名直接命名，那么不妨将属性名再度细分，以便更准确地表明产品的属性及定位。

属性名	细分属性名	再度细分属性名
手机	音乐手机	智能音乐手机
袜子	运动袜	防臭运动袜
蛋糕	无糖蛋糕	手工无糖蛋糕
大米	东北大米	有机东北大米

随着社会的发展，市场上的同类产品越来越多。在与诸多同质产品的竞争中，如何为自己的产品起一个让客户印象深刻的名字，确实是对企业的巨大考验。这个考验，企业必须勇敢面对，因为这是打造爆品的第一步，也是企业无法绕开的重要步骤。

培育核心技术，建立产品优势

客户购买产品的时候，关注最多的是产品能为自己带来什么样的价值。无论是实用价值还是观赏价值，总之，客户对产品有价值方面的需求。只有产品满足这一需求，客户才会愿意购买产品。

而产品的各种价值，主要体现在其核心技术方面。核心技术强大的产品，对客户会有较大的吸引力。所以说，产品能否火爆，以及爆品的火爆程度，都与其核心技术有着紧密的关系。

产品的核心技术，是企业核心竞争力的重要来源。企业拥有属于自己的核心技术，才能打造出与众不同的产品，进而为客户提供独特的价值和极致体验。

思科公司是全球领先的网络解决方案供应商，核心产品是为客户提供与通信及国际网络有关的基础设备和解决方案。

思科的核心产品源自思科在这些领域强大的研发制造技术和系统，其独特的优势甚至帮助思科在市场价值方面超越了微软和英特尔。

1984—1987年，思科的核心优势是多协议路由器技术。

1988—1995年，思科借助不断创新优化路由器技术以及建立起鼓励中小企业创新的管理体制，打造出自己的核心竞争力。

1996年至今，思科在自身创新之余，通过并购的方式来保持技术的领先优势，并且通过打造对人才吸引力更大的人力资源体系，持续强化企业的核心竞争力。

多年来，思科坚持在技术开发方面开拓创新，取得了喜人的成果。思科先后获得7000多项专利，在行业中始终处于领先地位，并为客户提供了六大类几十种产品。

在2015年美国《财富》杂志公布的世界500强企业中，思科高居第76位。它为全球互联网骨干网络提供了80%以上的交换器和路由器，拥有全世界最大的互联网商务站点。

思科公司紧紧抓住核心技术，不断提升企业核心竞争力。在不断发展的过程中，它取得了令人瞩目的成就，也为客户提供了优质的服务。这让它拥有了独特的产品优势，占据了极大的市场份额。可以说，思科公司的成功，与其不断培育核心技术的思维是分不开的。

很多时候，企业在市场竞争中总是处于劣势，就是因为企业在核心技术方面有所缺失，缺乏长期发展的有力支撑。企业只有持续强化研发和设计体系，建立核心产品优势，才有可能成功打造爆品，实现基业长青的目标。

品牌符号化，占领客户的心智

构建品牌，对于打造爆品的重要性不言而喻。但是对于如何构建，很多企业并没有很深刻的认知，对于具体的做法也没有清晰的认识。

在实际操作中，通过将品牌符号化来占领客户的心智，进而达到让客户牢牢记住品牌的目的，这一方法被证明确实具有很好的效果。

老干妈公司将目标客户群体定位为中低端的消费者，这些消费者对价格往往十分敏感，于是老干妈用低价且优质的产品，为客户提供了较高性价比体验，自然轻松获得了客户的认可，构建起竞争优势壁垒，成为市场的领头羊。

老干妈的产品价格区间通常是7~10元，而且相对稳定，价格调整幅度极小。在这种情况下，老干妈相较于大品牌的同类产品，占有价格优势；相较于中小企业生产的同类产品，则占有品质优势。老干妈的这种极致性价比策略，给竞争对手的定价工作带来了极大的困扰：价格太低则没有利润空间，价格太高又无法吸引消费者关注。

对老干妈有所了解的人都知道，老干妈并没有在广告上投入很多精力和资金，它的风靡可以说是客户口口相传产生的效果。通过客户积累的良好口碑，老干妈占领了客户的心智，不断迎来新的发展。

在老干妈风靡市场的过程中，有3个关键点非常值得关注和研究。

1. 让客户产生消费记忆

消费心理学认为，人们对学生时代使用过的品牌有着更加独特的感知，所以从学生入手更容易让客户产生消费记忆，也更能增加品牌附着力。

老干妈就是从学校附近的凉皮店起家的，那些上学时的美好回忆中，总有老干妈的身影，这无形中就让客户产生了消费记忆，对于占领客户的心智显然有比较大的促进作用。而且，老干妈的目标客户群体本就是中低端的消费者，学生自然是其重要的组成部分。在品质保证和消费记忆的双重作用下，老干妈能够成功也就不足为奇了。

2. 品牌符号化

品牌符号化对彰显产品的独特性有很大的帮助，使得客户对产品的记忆更深刻，更有利于占领客户的心智。多年以来，老干妈坚持使用相同的瓶贴，在包装上基本没有变化，可以说，老干妈的包装已经成为它最显著、最深入人心的品牌形象，甚至成为辣酱类产品的代表符号。

3. 走出中国，影响世界

在国内市场大获成功之后，老干妈开始走出国门，进军国外市场。到目前为止，老干妈已经成功打入30多个国家和地区。老干妈产品不仅成为诸多留学生日常生活的必备品，也受到了诸多国外消费者的喜爱。走出中国的举动，使得老干妈的品牌影响力得到了进一步的提升，这又促使其更好地占领了客户的心智。

老干妈的成功，与其品牌符号化的策略有着密不可分的关系。当老干妈这个品牌像符号一样在客户心中留下深刻的印象时，其影响力便可想而知了。在不断强化品牌符号的过程中，老干妈不断占领客户更多的心智，为其成就爆品构筑起坚固的壁垒。

不得不说，品牌符号化对于企业具有十分重要的意义。客户通过简单的"符号"进行辅助记忆，会对品牌产生更加深刻而直观的印象，这显然比单纯记忆品牌的名字要容易得多。客户对企业品牌的了解和记忆，会增强他们对产品的认可度，也能提升他们对企业的忠诚度。对企业而言，有了客户的认可和追随，才能更轻松地打造爆品。

做好企业价值链管理，有效应对外来冲击

商业管理界公认的"竞争战略之父"迈克尔·波特指出，企业在从投入生产到售后服务的诸多环节和活动中，既有各种成本的投入，又有相应价值的提升。企业创造价值的过程，就是一条由一系列互不相同又相互联系的经营环节和活动组成的动态成本链条，也就是企业的"价值链"。

企业价值链展现了企业生产经营的整个过程，其中不仅包括上游的原材料供应与采购、产品研发与设计等，也包括中游的生产制造和仓储物流，还包括下游的品牌建设、渠道运营和终端销售等相关内容。价值链中的任何一个组成部分，都有创新的可能，都可能成为打造爆品的切入点。只要企业建立了相应的价值链管理体系，就能从中发现机会，为爆品的出现创造契机，为品牌的建立奠定基础。

随着互联网技术的迅猛发展，如今的企业面对的挑战越来越大。这些挑战不仅来自外部竞争，也来自企业内部的创新和变革。由于产品和服务方面出现了严重的同质化问题，因此，企业在产品品质、营销渠道及终端服务方面，要建立起自己的独特优势，以便应对越来越多的外部冲击。

当然，除了从价值链的各个环节寻找创新点和打造爆品的方向外，企业也可以从价值链一体化的角度进行布局。在整体产业链尚不成熟的情况下，企业垂直或水平整合价值链中的各个环节，能够有效增强对整个产业链的掌控力，进而可以围绕核心价值点打造、运营价值链管理系统。

目前，中国的城市化水平和消费需求不断提升，但是商业地产的发展并不理想，在很多环节表现得相对薄弱。比如，商业地产开发完成之后，既不能吸引那些成熟的专业投资者进行投资，又缺乏专业性的商业管理公司进行运营。

对很多地产公司来说，这样的问题总是令人困扰。而万达集团则从中看到了商机。万达集团对产业链进行了水平整合之后，围绕商业地产这一核心价值点，将高级酒店、文化产业、连锁百货、游戏娱乐等相关产业整合在一起，为消费者创造出一个多元化的休闲娱乐消费场景，让消费者在万达广场这个不大的区域内就能满足各种不同的需求。正是对价值链中一个环节的分析和拓展，使得万达集团赢得了巨大的商机和发展空间，令其逐渐成长为中国商业地产的龙头企业。

万达集团的成功，源于它对企业价值链的深刻剖析。从分析中发现问题，发现商机，也就能领先竞争对手一步，在市场上占据先发优势，这使得万达集团越做越大，越做越强。

企业想要打造出具有长久生命力的爆品，实现品牌长存不倒的目标，就要建立起优质的价值链管理系统。在这个完善的体系中,每个环节都有打造爆品的可能性。只要能让体系按照正确的方式运转,企业就能构建自己的品牌,建立自己的优势,轻松应对外来的一切挑战。

塑造属于自己的品牌个性

任何一个品牌都不是简简单单的一个商标、名称或是两者的简单组合，而是许多因素叠加而来的综合体。

品牌是企业最重要的无形资产，能够为产品的推广提供有力的支持，也能为企业的发展提供活力和动力。在如今的互联网时代，品牌的定义和过去相比发生了一些变化，被赋予了新的内涵和活力。

那么，互联网时代的品牌有何特点？企业又该如何塑造属于自己的品牌个性呢？

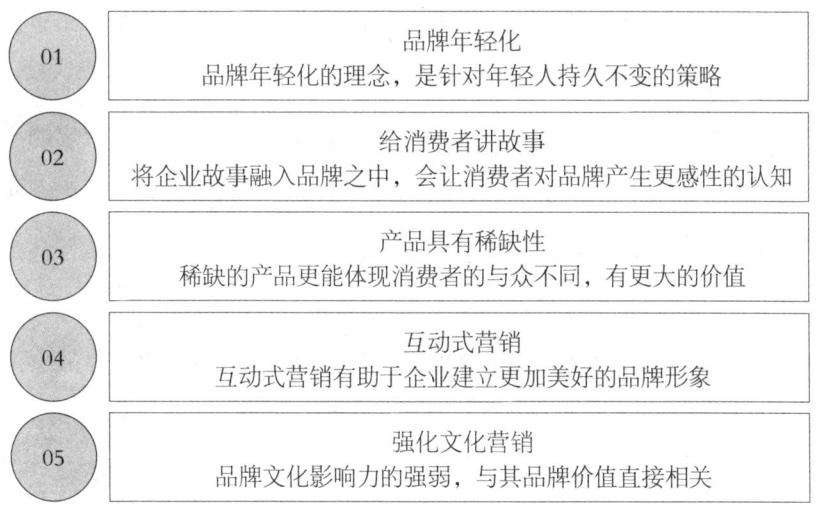

01 品牌年轻化
品牌年轻化的理念，是针对年轻人持久不变的策略

02 给消费者讲故事
将企业故事融入品牌之中，会让消费者对品牌产生更感性的认知

03 产品具有稀缺性
稀缺的产品更能体现消费者的与众不同，有更大的价值

04 互动式营销
互动式营销有助于企业建立更加美好的品牌形象

05 强化文化营销
品牌文化影响力的强弱，与其品牌价值直接相关

品牌年轻化

品牌年轻化的理念，应该是企业针对年轻消费群体持久不变的策略。这是因为一些品牌会随着时间的推移被其他品牌替代，或是因为跟不上潮流而让消费者觉得老气沉沉。品牌一旦对消费者失去吸引力和号召力，就无法赢得消费者的认可。

在互联网时代，网络购物的主要群体是年轻人，年轻人的经济实力和消费习惯不仅对他们的消费行为产生了极大的影响，也对市场产生了一定程度的影响。对于这种转变，很多公司都投入了关注的目光，豪车年轻化、奢侈品年轻化……因为只有年轻化的品牌，才能迎合年轻人对潮流和新奇事物的追求，而抓住年轻消费者的需求，才能为爆品的出现寻找到足够的粉丝群体。

给消费者讲故事

在互联网时代，消费者的意识和地位都发生了很大的变化。企业不能再像以前一样仅仅靠着明星代言、营销策略之类的手段来吸引消费者的关注目光。在新时代，给消费者讲讲企业故事，不仅能让消费者对品牌产生更加理性的认识，也能为品牌营销穿上一件美丽的外衣。

冷冰冰的产品没有温度，而故事则融入了感情，所以说，有故事的产品更容易贴近消费者的心，更容易让消费者产生某种共鸣。这种共鸣为企业建立与消费者之间的感情搭起了桥梁，让消费者对品牌有了更多的信任甚至是感情寄托。

品牌能够打动消费者之处，其实是其背后隐藏的企业故事，是故事让产品有了温度，让产品在同质化严重的市场上脱颖而出。

产品具有稀缺性

所谓"物以稀为贵",越稀缺的产品,消费者越视作珍宝,越愿意花钱购买。

对如今的消费者而言,产品不仅要有基础功能,还要能满足个性化的需求。而稀缺性正好满足了消费者的这一需求和心理,能让消费者瞬间为之大声尖叫。

那么,企业应该如何制造产品的稀缺性呢?比较常用的手段有限制产品数量、限制购买数量、限制购物时间、限制消费者级别等。通过一系列的限制手段,企业可以让消费者对产品产生抢购欲望,从而产生较大的品牌效应。

互动式营销

如今,消费者对消费和使用过程中的体验十分重视,企业希望得到消费者更多的关注和认可,就要为消费者提供良好的体验。通过互动式的营销,企业可以及时了解消费者的需求和感受,为下一步的服务做好铺垫和准备。

在互动过程中,企业可以巧妙地刺激消费者,激发他们的购买欲望,促使他们做出购买决定;而消费者则会得到较好的购买体验、使用体验及服务体验,由此对品牌产生更多的认同感。

可以说,互动式的营销方式,不仅为消费者带来了良好的体验,还帮助企业建立了更加美好的品牌形象。

强化文化营销

在诸多的营销手段中,文化营销是难度系数最大的,但其影响力也是最大的。

由于品牌文化影响力的强弱与其品牌价值直接相关,所以品牌价值越大的企业，在文化营销中越占据优势，如肯德基、迪士尼、庆丰包子等，都在文化营销中体现了强大的魅力。

网络品牌可以借助产地文化、旅游文化和个性文化等，来展现自己的品牌文化；对于一些实力较强的企业，强化文化营销往往能起到出人意料的良好效果。

品牌个性是多种素质的综合体现，需要企业从多方面进行考虑和塑造。塑造属于自己的品牌个性，不仅需要长期的过程，还需要足够的耐心。对企业而言，这个过程也许有些困难和艰苦，但是只要摆正心态，将构建品牌视作重要的工作内容，那么终将建立起属于自己的优势，为爆品的出现提供足够强大的品牌支撑力。

【案例】加粉王：一年半迅速成为行业领军者

我经常被客户问道："你做策划那么厉害，为什么不自己打造一个属于自己的品牌呢？"

2016年底，我就开始寻找自创品牌的机会。此时，市场上开始出现一种可以自动加粉丝的软件，经过深入了解及比较之后，我选择了一家源头工厂，采取代工的方式准备创建属于自己的品牌。

我应用我自己独创的"四阶十二式"品牌工具，2017年3月，加粉王正式亮相，1个月后销售额高达300万元，截至2018年10月，销售额超过1.5亿元，这在行业来看，无疑是一个奇迹。那么，加粉王究竟是如何运营的，才让其销售额一飞冲天？

深度洞察行业核心需求

人们都说市场上不缺好产品，而是缺好的策划。

当我发现这一产品时，全国已经有4家公司可以研发生产这一产品，而且属于小众类产品，经过考察后，我选择了其中一家产品技术领先的公司代工。

在参观该公司的机房时，我发现1000多台手机自动繁忙地运行，其目的就是加粉。

于是，我应用我独创的"四阶十二式"中的第二阶第三个招式——需求洞察。我回到公司迅速开了一个创意会，然后就说出了行业的核心需求——加粉，为此，我们将品牌命名为"加粉王"，广告语呼之欲出：加粉就用加粉王。

找到核心人群，重构新规则

当时，微商已经开始流行，群控、云控开始被微商等客户使用，但行业销售总额很小，市场容量也不太大。

我们对市场进行分析后，发现该产品如果能够找到核心人群，不是10台10台地购买，而是100台或者1000台地购买，有利于该产品及行业的迅速销售。

于是，我应用我独创的"四阶十二式"中的第三阶第一个招式——话语权体系重构新规则。我深度剖析了目标人群，发现目前大家忽略的一个群体——自媒体人群，他们都在抢夺粉丝，并且踊跃出一批公众号"大咖"，例如十点读书、夜听、咪蒙等。

我们经过仔细分析，发现无论你关注多少个公众号自媒体，无论你多么喜欢这个号，你都无法及时地与博主取得联系。我大胆地预测，公众号粉丝将向个人号粉丝转移，而在自媒体的这个群体中，我则是最有话语权的。

召开了一次被同事怀疑是忽悠的动员会

确定了核心人群之后，我们希望能借力打力不费力。

当看到中国新媒体大会将在广州举行时，我迅速做了一个决定：在2017年3月17日中国新媒体大会举行的当天，我在该酒店四楼举办招商会。

团队的伙伴看着我似乎很仓促就决定这么干，他们很担心：没有人来招商会现场怎么办？这些人不接受这个产品怎么办？接受这个产品但不买怎么办？

而我则在招商会之前的动员大会上给他们打气说："这一次，我们将改变行业，将引领公众号粉丝向个人号粉丝转移，而你们跟我一起见证这一情况。"他们用怀疑的眼光看着我。我接着说，我不用大家邀请任何人，我只需要大家能将新媒体大会的截流引导到我们会场即可。他们几乎都认为，他们的老板疯了，他们不了解产品、不了解新媒体、不了解客户就去招商，还有几百万的目标，没有人相信，但是他们还是跟着干了。

经过系统化的策划后，居然截流500人来会场

没有人，截流出人来，这在诸葛亮的草船借箭中才有的经典段子，现实版可能吗？

我又应用了我独创的"四阶十二式"中的第二阶第三个招式——需求洞察。只是这次，洞察的是新媒体大会上参会者的痛点是什么？

当手机成为人体的一个器官时，手机没电就是我们社交活动及参会过程中最大的痛点。

于是，我们发起向参会者"免费借充电宝"的活动，不需押金、租金，扫二维码发个人信息与手机号码即可免费借到充电宝，我们还加上了一句"让我们一起做一个有信用的人"，旨在用微小的力量来助推诚信商业社会。现场反应很热烈，在2小时之内，300个免费充电宝被全部借出，后台显示500个人填写了资料，一楼大堂租借，会场还充电宝，结果吸引了约500多人到达招商会会场！

一个月即达到了300万元的销售额，一年后过亿元

在招商会上，我为各位自媒体大咖展示了传说中最牛的加粉云控制系统——加粉王，会场被围得水泄不通。同时，我们的技术人员还向现场的大咖们介绍加粉王的所有功能："加粉王云控营销系统，是一款高效、智能、适用于所有行业的加粉神器，带您轻松玩转微营销，让新客户源源不断地自己找上门来。"

大会上,加粉王展区周围聚集了众多大咖们驻足围观,工作人员为参观者做了耐心细致的产品讲解和案例展示,并一一回答了参观者提出的各种问题,现场气氛热烈。同时,加粉王云控启动了城市合伙人的招募,大咖们有远道从西安、北京、上海、杭州等地飞过来的,更有甚者,从法国飞回广州特地参加活动。当天签约意向上百万,一个月即完成300多万元销售额,这是代工厂半年才能达到的销售收入。

之后,我与团队预测到粉丝变现的巨大经济价值,7月份开始果断为客户产粉后变现,迅速转型成一家只做效果的加粉公司,7月、8月、9月连续3个月销售额超过1500万元。

第八章

口碑战略,让爆品进行"病毒式"传播

一款爆品的出现,是各种因素综合在一起的最终结果展现。在打造爆品的过程中,口碑传播是非常重要的组成部分。意见领袖对产品良好口碑的传播,影响了自己圈子里的人,这使得产品在较短的时间内迅速传播开来,形成一股浪潮,对产品的引爆起到了极大的推动作用。各种不同的口碑战略,可以为产品的传播提供足够的动力,推动产品在较短的时间内进化成爆品。

好口碑，带来好销量

从古至今，能够长期大卖的爆品，无一不具有良好的口碑。在互联网时代，口碑效应不仅没有减弱，反而占据了更加重要的位置。这是因为，互联网时代的信息更加透明，传播速度更快。在不经意间，一个小小的举动就可能给企业带来或好或坏的影响。

当然，企业想要打造爆品，就要让产品具有良好的口碑。好的口碑才能引起客户的关注，才能在人群中引发热议、传播，进而为企业带来较高的销量。可以说，口碑是打造爆品的必要条件之一，也是引起客户相互分享的前提所在，没有好口碑的产品，往往很难成为爆品。

客户之间的口碑传播，不仅降低了营销成本，还让客户对产品产生更多的信任感。毕竟，身边的亲朋好友亲身使用过，自然会对产品有更多的体会和感触，而且有亲密人士的推荐，可信度更高。

优质的产品是好口碑的基础所在，但是口碑的传播也离不开辅助手段的帮助。要知道，产品质量再好，使用体验再好，如果客户不了解，不购买，那也没有任何意义，产品的价值便无从发挥。反过来，如果客户知道并购买了产品，但是产品质量不行，那么只会给产品带来负面影响。

从这个角度而言，产品的质量是好口碑的基础所在。好的产品才能带来好的口碑。好的口碑，才能带动产品的传播和销售，才能带来更好的营销效果。

口碑需要尖叫点

产品要在客户间形成良好的口碑，首先需要做到的就是让大家认可产品。在产品为王的时代，只有产品为客户带来真实的价值，让客户感受到物超所值，客户才会大声尖叫。

客户对产品的要求，并不单单是实用价值那么简单，而是融消费体验、服务质量等为一体。产品只有能够满足客户这些需求，才能赢得客户真心实意的赞美，才有成为爆品的可能。就像小米的目标一样："做让用户尖叫的产品是我们的追求，我们更追求用户使用过后真心地推荐。不仅要把产品做好，而且要让你的消费者、你的用户去向身边的人推荐，这就是小米的目标。"

好的产品、好的服务，都是为了打造良好的口碑，而口碑的传播则需要客户在其中发挥作用，所以说，只有让客户尖叫的产品，才能形成口碑效应，让产品向爆品进化。

借助社交媒体传播口碑

在互联网时代，微博、微信等新型社交媒体已经受到越来越多的人的关注和使用，也越来越显著地影响人们的生活。企业想要和客户进行充分而及时的沟通，就不能忽视社交媒体的作用。通过社交媒体传播口碑，成为很多企业的重要选择之一。

当然，由于微博和微信的表现方式、沟通效果等有所不同，所以企业在应用的时候也应该有所侧重，以求让它们发挥出最大的效用和价值。

- 微博

微博是新时代的产物，网友可以用140个以内的文字来表达自己的观点，实现和网友之间的交流互动。作为极具自由性的社会化新媒体，它能给人带来时效性强、方便快捷、互动性好的使用体验。

对企业来说，微博的核心价值在于企业能通过微博进行口碑传播，以吸引客户或潜在客户关注公司的产品，并参与到交流、互动中。很多企业都有微博客服。企业通过微博进行沟通，不仅能迅速了解客户的意见，还能节约咨询成本，可谓一举两得。另外，客服人员发现负面的信息之后，可以立刻进行回复或解释，以求以最快的速度解决问题、化解危机。这可以帮助企业快速、有效地积累良好的口碑。

- 微信

相较于微博，微信是更加高级的新型社交媒体。通过微信，企业可以更加高效、精准地进行营销，提升产品的口碑。

在微信公众号这个基础平台上，企业可以对客户进行更加细致和严格的管理，将客户分门别类地划分好，便可以进行针对性更强的信息传播。在微信上，企业可以利用摇一摇、二维码、公众平台等多种方式进行信息传播，而且这些方式有一个十分显著的共同点，那就是非常适合推送信息，所以说，针对微信用户进行的点对点推广已经成为很多开放平台的首要选择。

相较而言，微信的互动性和时效性显然强于微博。企业可以与客户进行实时互动，即时了解客户的想法，为客户提供及时的产品或服务。

可以说，以微信为代表的移动社交网络正在迅速崛起，以社交媒体为核心的社交网络正在不断发展、壮大。企业需要抓住这个机会，将微信平台的价值发挥到最大化，通过这个平台不断宣传产品，为产品良好口碑的积累发挥应有的作用。

产品的良好口碑，对企业来说具有十分积极的意义，毕竟好的口碑才能带来好的传播，好的传播才能带来好的销量，好的销量才能带动爆品的出现。由此可见，好的口碑对于爆品的打造具有非常重要的推动作用。

口碑为品牌创造价值

在新型社交媒体上，企业可以与更多的消费者直接接触，能够更清晰地了解客户的需求，解决客户的疑惑，甚至以往线下接触不到或是接触成本过高的消费者，企业都能无缝对接。这为企业提升口碑创造了更多的途径和可能。

对企业而言，与消费者的直接接触，不仅能让消费者更加了解企业，更加认同企业的产品，还能让企业通过积累忠实用户实现口碑营销的目的。

为了积累更好的口碑，为品牌创造更大的价值，企业需要做好以下几个方面的工作。

以产品为基础

在传播口碑的过程中，产品本身的重要性不言而喻，只有坚持以产品为基础，通过优良的品质赢得客户，客户才会主动进行口碑传播。如果购买的产品质量低劣、问题不断，那么谁会愿意为产品传播良好的口碑呢？所以说，运用口碑策略，必须将打造优质产品作为首要条件。

差异化发展

如今的市场上，同质化产品很多，同质化现象已经严重影响了企业的正常营销和发展。在这种情况下，企业应该另辟蹊径，寻求差异化发展。在不同的跑道上与竞争对手展开竞争，往往可以获得更大的空间，也能得到更多的发展机会。

提升客户体验

客户对体验的要求越来越高，为了满足客户的需求，留住客户，企业必须要在提升客户的体验上下功夫。毕竟，产品的口碑源于客户之口，让客户得到超高的消费体验，他们自然而然就会为产品做宣传，对品牌的传播产生积极的作用。

关注内心需求

客户的内心需求往往不会表露在外，企业也很难发现其中的奥秘，但是消费者内心的需求往往是他们最渴望得到满足的欲望，企业如果能满足他们内心的需求，消费者必然会心生满足，对企业和产品都赞不绝口。这就为产品带来了良好的口碑。

诚意沟通

在沟通过程中，真心实意是非常重要的。保持诚挚的态度，会让客户感受到被尊重，会让他们更愿意进行交流。有了这样的基础，沟通就会变得顺畅，客户会更加积极主动地参与沟通，为品牌传播提供帮助，为提升品牌价值做出应有的努力和贡献。

认清主流

随着时间的推移，市场的消费主流也在不断发生变化，如今，"80后"和"90后"已经成为消费市场的主力军。他们渴望展示自己与众不同的个性，也希望购买与自己的价值观更加契合的产品。只有认识到这类消费人群的特点，企业才能更好地为客户提供产品和服务。

提高客户参与度

让客户参与到产品研发、营销等过程中，会让客户对产品产生更多的认可，增加客户的黏性。而且，客户参与度越高，对产品越有认同感。通过这种方式，企业可以积累大量的忠实客户，还能借助客户的聪明才智，对产品进行创新性的设计。

优势体现定位

每种商品都有其优势和定位，通过不断强化产品的某种特性，企业可以使产品在客户心中占据优势地位。当想要购买产品时，客户首先想到的往往是已经在他们心中占据领先优势的品牌。企业通过产品优势来战胜竞争对手，往往可以在竞争激烈的市场中脱颖而出。

企业的品牌价值越高,越能得到客户的认可和追捧,这一点毋庸置疑。而品牌价值的创造,则有许多不同的方式和手段,通过口碑进行传播,是一种成本较低但效果良好的方式。

有营销无口碑，产品怎么会大卖

有些企业认为，品牌和爆品都是靠营销取胜的，这样的想法其实是不切实际的。希望通过投机取巧不劳而获，注定无法取得成功。

在社交媒体时代，品牌的建立是一个长期的过程，企业需要耗费诸多的时间和精力，为品牌的构建添砖加瓦。过度依赖营销去销售产品，却忽略了口碑的重要性，对企业而言是走向失败的根源所在。

凡客诚品就是一个非常典型的重视营销而忽视口碑的例子。

凡客诚品创立之初，曾在市场上引起一股潮流，令许多年轻人成为其忠实的粉丝。凡客诚品早期推出了很多爆品，包括衬衫、帆布鞋、T恤衫等，也做出了很多让客户非常受用的创新，比如无条件退货等。可以说，早期的凡客诚品是爆品市场的赢家。

2010年，"凡客体"强力引爆市场，成为营销史上的一个经典事件。然而，随着产品的火爆，凡客诚品的经营思路开始转变，着重于营销，而忽视了产品本身的质量。

实际上，凡客诚品早期的产品之所以能令客户尖叫，不仅因为其较低的价格，还因为质量不错。28元一件的T恤衫，穿起来新潮又舒服。但是后来，凡客诚品火爆之后，质量反而下降了，客户自然就会抛弃它。

很多时候，营销确实很重要，但是如果执着于营销而忽视了口碑，那就有些本末倒置了，注定将要面临失败。凡客诚品早期时就很能在营销上花钱，比如一个高档的硬皮包装盒，成本不算低，凡客诚品也愿意做，而且将这笔钱算作营销费。然而，营销的成功要建立在良好的口碑之上，只有优质的产品才是最能打动客户的因素。凡客诚品搞错了其中的关系，所以失去了客户和市场，让自己陷入尴尬的境地。

痛定思痛，凡客诚品CEO陈年决定放弃"凡客体"式的营销模式，因为这样的营销让凡客诚品遭受了巨大的失败。"我不想再去凑热闹了，我凑过，也见过很多凑热闹的公司，最后它们都烟消云散了。"陈年说。

很多沉痛的教训已经表明：产品质量不行，客户自然不会买账。对客户而言，产品本身是最有吸引力的，而质量的好坏，是客户非常在意的一点。无论企业采取怎样吸引人的营销手段，质量都是其发挥作用的基础所在。没有口碑，任何营销手段都不过是纸上谈兵而已。

找到意见领袖，营销事半功倍

在打造爆品的过程中，对客户群体的认定和寻找是一项十分重要的工作。毕竟市场上的消费者有很多，不同消费群体里的人，在年龄、性别、性格等方面存在一些差异。企业只有准确找到客户群体，才能根据客户采取相应的营销手段，以求让客户更认可产品，为产品打造良好口碑贡献应有的力量。

由于营销对象存在差异，所以企业在做营销时要选择不同的方式和传播介质。选择正确且合适的营销方式，往往可以更好地达到营销目的，有利于良好口碑的迅速传播。

那么，什么样的传播介质才是最好的，能在口碑传播过程中起到最大的推动作用？答案是意见领袖。所谓意见领袖，就是客户群体中具有较大影响力的人，他们在社交场合十分活跃，具有极强的号召力和感染力，身边的人都愿意与他们进行沟通和探讨，也很容易被他们的观点左右。企业能够找到客户群体中的意见领袖，对于口碑的传播往往可以起到事半功倍的效果。

尤其是在互联网上，虽然有些用户不会时常发言或是表达自己的观点，但是他们会关注网络，并受到意见领袖的影响。企业如果通过意见领袖去引导这些"潜水"的人，那么产品受到的关注程度将会大幅提升。

实际上，不仅每一类爆品都有相应的意见领袖，即便在同一类爆品中，也存在不同类型的意见领袖。他们在自己的圈子里非常具有影响力，说话分量十足，能够对圈子里的人产生很大的影响。企业想要迅速传播产品的良好口碑，就要想方设法地区分不同类型的圈子，并在不同的圈子里找到相应的意见领袖，与他们进行良好的沟通和合作。

一般情况下，意见领袖可以分为3种类型，分别是信息型、说服型和开拓型。

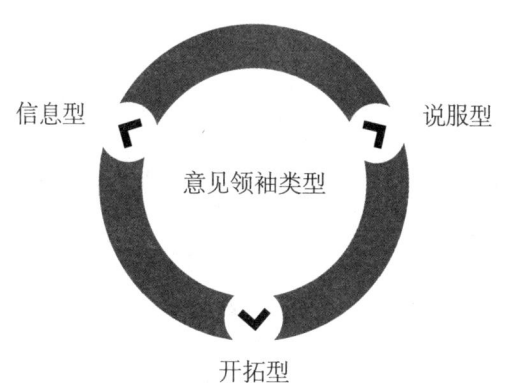

信息型意见领袖

这种类型的意见领袖消息十分灵通，对很多市场信息都有所了解。他们不一定会购买爆品，但是对爆品的发布情况、营销进程都十分了解。比如，某种销售火爆的产品要打折了，某家生意火爆的饭店要推出新菜了，等等，他们都了如指掌。这类领袖在营销过程中能发挥扬声器的作用，散布产品信息是他们最擅长的事。

说服型意见领袖

这种类型的意见领袖很喜欢给人出谋划策，能够说服身边的人购买自己推荐的产品。在某些人看来，他们就像企业的推销员一样，不遗余力地推广自己喜欢的产品。他们很喜欢点评自己使用过的产品，愿意和身边的人分享使用体验，而且这样的交流往往能够影响别人的消费决策。由于他们常常分享自己使用产品的经验，所以让人觉得他们对某种产品的评价非常具有权威性。

开拓型意见领袖

这种类型的意见领袖常常对身边的事情充满好奇心，喜欢尝试新鲜事物。而且，他们身边往往有一群等着他们给出体验感受的人。他们喜欢根据自己的体验和喜好去引导别人，让别人购买自己推荐的产品。

在营销过程中，假如企业可以通过研究客户群体准确地找到相应的意见领袖，就能找到口碑传播的圆心，以最快的速度，在最大的范围内进行口碑传播，充分发挥意见领袖的领导力和影响作用。

实施口碑战略的四大要素

企业在实施口碑战略的过程中,需要关注很多东西,将诸多因素融合在一起,才能顺利实施战略,完成打造爆品的目标。企业应该抓住以下4个要点,也就是口碑战略的四大要素。

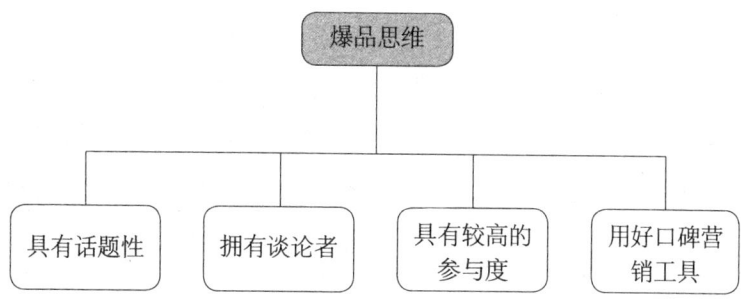

具有话题性

客户在谈论产品的时候,往往会涉及质量、价格、优惠力度等,这些内容是客户关注的重点,因此往往会成为谈论的重点。

进行爆品营销时,口碑战略其实就是借助各种话题进行炒作,客户讨论得越激烈,热情越高涨,产品就越火爆。所以说,爆品需要具有话题性,没有话题的产品根本无法做成爆品。

拥有谈论者

具有话题性，自然就需要谈论话题的人，因此，拥有谈论者对于口碑战略的正常实施是非常重要的。

在打造爆品的过程中，企业通常需要考虑哪些人会主动购买产品，哪些人愿意参与话题的讨论，等等。企业通过对目标群体进行分析，再重点寻找那些愿意谈论产品话题的人。这些人的存在，会使得产品口碑更快地传播，帮助企业更快、更好地实现口碑战略的目标。

具有较高的参与度

对口碑战略而言，具有话题性和拥有谈论者并不够，还要求谈论者具有较高的参与度。只有他们愿意积极参与，他们才会主动进行口碑传播，才能为产品的引爆做出更重要的贡献。

实际上，网络上从来都不缺少话题，只是有些话题参与的人多，有些话题参与的人少。如果企业能够将产品和参与度较高的话题结合起来，那自然能带动一大批人主动参与其中，这就为产品的推广带来了大量的有生力量。

用好口碑营销工具

企业除了具备上述3个要素之外，还需要运用一些口碑营销工具来加快传播过程，使得产品尽早被消费者接受，尽早引爆市场。

常用的营销工具，包括微信、微博、QQ空间、论坛等，它们都有助于口碑的传播，但是真正运用起来，并不是那么容易。要知道，这些工具的特点不同，所以运用的平台和在不同平台的具体效果也有所不同。毫不夸张地说，运用这些工具也是一门高深的技术活。

企业实施口碑战略，不仅要关注上述4个关键要素，还要随时关注实施过程中可能出现的问题和变化，并根据不同的情况采取有针对性的行动，为打造爆品铺平道路。

【案例】九阳豆浆机：一杯豆浆打天下

随着社会的发展和生活水平的提高，人们已经不单单满足于温饱或吃好，而是将目光转向了健康生活，希望能够保障食品的安全。在这种情况下，人们对豆浆机有了更多的需求。尤其是2008年"三聚氰胺事件"出现之后，豆浆机的销售情况更是呈现井喷的趋势。

人们对健康豆浆的需要不断增加，这使得很多企业进军豆浆机市场，九阳豆浆机不得不面临严峻的挑战。

豆浆机市场竞争日趋激烈

相关数据显示：2007年，中国豆浆机累计销量突破1000万台；到了2014年底，这一数字变成了1.4亿台。猛增的数字背后，是人们对豆浆机的强烈渴望，以及豆浆机市场的激烈竞争场面。

2007年，东菱电器正式进军豆浆机市场，并研发出"水果豆浆机"。刚一进入市场，东菱电器就打起了价格战。东菱电器严格把控生产成本，与九阳公司展开了激烈的竞争。而且，东菱电器主打"健康""营养"理念，渴望以其创新型产品"水果豆浆机"撼动九阳豆浆机的领先地位。

2008年，美的集团研发出中国首款无网豆浆机，正式开启豆浆机的新革命,并且花费3亿元巨资成立了全球最大的豆浆机生产基地。

2008年出现的"三聚氰胺事件",无形中推动了豆浆机市场的发展。出于安全考虑,人们更愿意自己制作豆浆,以保证食品的安全。此时,九阳豆浆机的市场份额依然高达86%。近年来,随着海外豆浆机品牌加入竞争,虽然九阳豆浆机的市场份额有些下滑,但是依然超过了60%。

实际上,豆浆机本身并没有很高的技术要求,所以豆浆机市场的进入门槛很低,这就让市场竞争变得越发激烈,使九阳豆浆机不断受到新的冲击。

九阳品牌战略升级

面对层出不穷的竞争对手,九阳公司并没有采取价格战来压制对手,因为公司很清楚,这种竞争模式极易引发恶性竞争,对整个豆浆机市场产生破坏性的影响。

作为行业当之无愧的领头羊,九阳公司不仅要战胜对手,更要确保豆浆机市场健康、有序地向前发展。于是,九阳公司选择了对其品牌进行升级,强化客户对九阳品牌的认知,通过品牌战略凸显九阳品牌独特的优势和所处的市场位置。

实施品牌战略的过程,主要包括2个阶段。

第一阶段是将企业的核心资源全部集中在豆浆机的研发、生产、销售等环节中,力争将"九阳"打造成豆浆机的代名词。

第二阶段是制定豆浆机行业的发展规则,明确九阳豆浆机在市场竞争中所扮演的角色和企业的定位。

通过强化客户的认知,九阳公司能为自己创造两个方面的优势:第一个优势是让九阳公司成为行业的领导者,在行业发展规则的制定上具有较大的话语权;第二个优势是凭借行业领导者的角色扩大自身影响力,为进一步拓展细分市场打下坚实的基础。

专注于打造品牌

由于以美的集团为代表的家电企业纷纷进入豆浆机市场，九阳公司面临的竞争越发激烈，压力越发巨大。面对这一局面，扩大涉足领域、生产更多品类的产品是一种应对方式，但是很多失败的案例已经证明：如果产品质量无法做到极致，那么最终只能接受消亡的命运。

有鉴于此，九阳公司开始整合自身优势资源，将精力集中到豆浆机这一单品上。九阳公司专注于打造豆浆机，力求在行业内建立绝对的领先优势，为企业的生存和发展创造更多的空间。九阳公司追求"一杯豆浆打天下"的模式，希望在自己擅长的领域开疆拓土，而不是在自己的弱势产品上与美的集团等家电企业展开竞争。

在竞争日趋激烈的情况下，九阳公司将自身的精力和资源集中到优势产品豆浆机上来，并专注于品质提升，打造自己的品牌。这有助于九阳豆浆机长期占据市场领先者的位置，对九阳公司的发展能够起到有力的支撑作用。

中国的家电领域有庞大的市场需求，很多家电企业希望从每个细分市场中都能分得一杯羹。殊不知，企业生产的产品品类越多，企业需要顾及的东西就越多，稍有不慎，就可能因为某种产品的失败而给整个企业带来负面的影响。九阳公司也曾尝试进行品牌延伸，但是在电水壶、电饭煲等领域均没能取得理想的业绩。如果九阳公司一意孤行，继续坚持扩大涉及领域，那么最终可能连豆浆机的领先地位都保不住。

通过专注于打造豆浆机，并努力将品质做到最好，将服务做到极致，九阳公司树立起良好的口碑，这为打造爆品奠定了基础。九阳公司走出了一条与众不同的路，专注成为其赢得市场的一件法宝。

第九章

实力圈粉，粉丝经济时代爆品突围的重要路径

如今已经进入粉丝经济时代，在各行各业，粉丝已经成为重要的产品推广人。一款足够优秀的产品，往往会有诸多粉丝紧跟其后。这些粉丝就是产品和企业的忠实跟随者。随着粉丝数量的不断增加，粉丝群体影响的人也越来越多，在不断地分享和发酵中，产品从默默无闻走向引爆市场。可以说，粉丝在爆品打造的过程中起到了举足轻重的作用。

粉丝经济：互联网创新商业形态

在互联网时代，"粉丝经济"已经成为人们耳熟能详的一个词语，引发了各方的热切追捧。很多企业都在想方设法地培养自己的粉丝群体，加强和客户之间的良好关系。比如，苹果手机有"果粉"，小米手机有"米粉"，华为手机有"花粉"，等等。

庞大的粉丝群体不仅为企业带来了现金价值，也为企业带来了巨大的流量，有助于企业进行产品推广和营销。可以说，粉丝经济时代，营销方式已经发生了巨大的变化。互联网创新商业形态的出现，使得企业有了更多的机会，也将面临更大的挑战。

美国传播学者亨利·詹金斯对粉丝有着深刻的研究和理解。他指出，真正的粉丝不仅扮演着文化商品的消费者角色，更会参与到文化商品的制作、宣传、营销等价值过程中，是连通企业和一般消费者的媒介。在打造爆品的过程中，粉丝往往以消费者和生产者的双重身份出现，而不是单纯、被动地接受企业生产的产品。

在如今这个时代，粉丝借助线上平台展现出自己的巨大价值，并由此形成了粉丝经济这一互联网创新商业形态。尽管现在的营销已经从线下转移到线上，但是粉丝的本质和角色并没有发生变化。

从粉丝的参与度和参与动机两个角度进行分析，我们可以将粉丝分为3

种类型，分别是接收型粉丝、传播型粉丝和创造型粉丝。

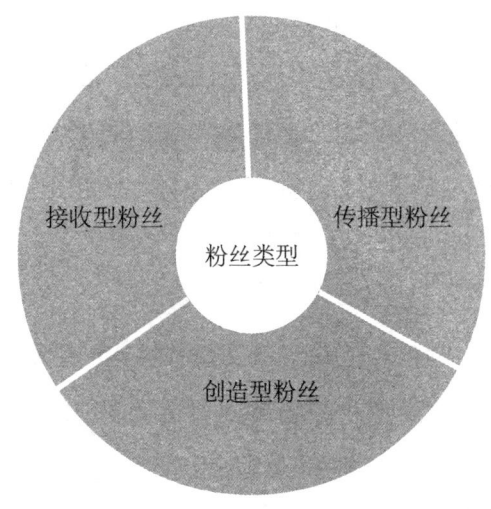

接收型粉丝

这种类型的粉丝通常会主动了解一些产品的动态，通过各种渠道获取产品的相关信息，并时刻关注与产品有关的推介会、活动等。他们对收集信息十分着迷，而且会通过自己的方式向粉丝群体传递产品消息，扩大信息的传播范围。在这类粉丝的传播下，其所在的粉丝社群会不断壮大，实现社群规模的扩张。

传播型粉丝

这种类型的粉丝通常不会主动收集信息，但是在接收到相关的信息之后会主动进行传播，不仅会在粉丝群体中进行传播，还会向普通大众进行推荐。他们接触的人更多，传播的范围更广，能够让一些普通消费者转变成粉丝。相较接收型粉丝而言，他们对粉丝群体的建设有更大的帮助作用。

创造型粉丝

这种类型的粉丝不单单是传播信息,还会参与到产品生产的过程中,所以说他们兼具消费者、传播者和生产者三重身份。他们并不满足于单纯地获取和传播信息,而是会根据自己的想法对产品信息进行加工和再造,以自己的方式进行信息的传播。比如,他们可能会将产品的图片做成小视频,或是对产品的广告进行剪辑和加工,等等。

在互联网时代,粉丝的作用已经超出了很多人的想象,但是一些企业并未对这一重要群体产生足够的重视,或是对粉丝的定位产生了偏差。

企业既不能单纯地将粉丝视作信息的接收者,也不能只将粉丝视作信息的传播者,而要根据实际情况,对粉丝群体进行准确的定位,以求发挥粉丝群体的最大价值。企业要让他们不仅为企业挖掘更多的客户,也为企业提供创新的思维,尽可能地为企业获取最大的经济效益服务。

还有一点需要注意,那就是粉丝对于爆品营销是一把双刃剑,他们既有可能为企业带来更大的效益,也有可能给企业的形象带来负面的影响。如何用好这把剑,需要企业认真地进行考量,只有对粉丝进行有效引导,才能让粉丝为企业带来更多的正向价值。

粉丝推广需要时间积淀做保证

粉丝对于产品的推广具有十分重要的作用，但是这并不意味着粉丝的力量在短时间内就能得到极致的体现。粉丝群体的形成，需要经过长时间的积淀。在粉丝群体不断壮大的过程中，产品的传播范围也在不断扩大。当粉丝数量积累到一定的程度，产品就能在市场上掀起一阵风潮，最终彻底引爆市场。

一款产品的引爆，需要时间作为保障。有些一经上市便风靡市场的产品，看似是瞬间引爆了市场，实际上企业在产品上市之前已经进行了前期的营销和推广，并在这个过程中培养出了大批的粉丝。当粉丝达到一定的人数，他们便可发挥巨大的推动作用，让一款产品在短时间内成为爆品。

最近几年非常受人关注的偶像团体TFBOYS，也是经过长达一年的推广才成为粉丝追捧的对象。

TFBOYS成立之初，运营团队将粉丝群体定位于中老年女性。因为TFBOYS的几个成员年龄较小，有邻家男孩的感觉，这很容易让中老年女性心生爱怜，对他们产生更多的关注。

在此之后，TFBOYS的运营团队进行二次营销，将粉丝群体定位于与TFBOYS成员年龄相仿的青少年观众，将TFBOYS打造成青少年学习的榜样，并促使粉丝主动进行二次传播。经过粉丝之间的叠加传播之后，TFBOYS的粉丝群体不断壮大，越来越多的粉丝开始支持TFBOYS，观看他们的演出、综艺节目等。

如今，TFBOYS拥有非常高的人气，这与粉丝的主动推广是分不开的。

TFBOYS能够取得成功，是诸多粉丝默默付出和支持的功劳。粉丝的主动推广，让TFBOYS的人气不断提升，最终获得了越来越多粉丝的支持。

在产品推广的过程中，粉丝是主导参与者。当企业为产品造势时，粉丝会主动参与其中，向身边的人主动宣传产品的优势和特点。之所以出现这种情况，是因为粉丝对产品有深深的认同感和较高的忠诚度。

粉丝自主进行的推广，不需要企业投入推广资金，而是通过粉丝之间的口口相传形成产品口碑。这种推广方式在产品上市初期，效果并不十分明显，但是经过一段时间的传播，当粉丝数量积累到一定程度时，其推广效果将会呈现几何级的增长趋势。

对企业而言，粉丝推广对于打造爆品具有十分积极的意义。但是想要促使粉丝自主进行推广，首先要保证产品能够吸引足够数量的客户，并在这些客户中制造热点话题。当然，热点话题的讨论并不能在短时间内对产品的推广产生明显的影响。在一段时间的积淀中，产品要不断制造热点话题，吸引越来越多的人参与到讨论中。当粉丝达到一定的数量后，后期的粉丝推广将会变得容易很多。

精准分析，掌握粉丝的真实需求

对企业而言，打造爆品必须要有粉丝的帮助和支持。只有借助粉丝的大力推广，产品才能在更广的范围内受到关注，才会赢得更多客户的认可。

然而，并不是每家企业都能正确对待自己的粉丝。有些企业虽然找到了粉丝群体，却不懂得如何与粉丝相处，不懂得只有满足粉丝的需求，才能增加他们的忠诚度，让他们主动为产品的推广做出自己的贡献。

根据马斯洛的需求层次理论，每个人的基本需求都可以分为5个层次，从低到高依次为生理需求、安全需求、社交需求、尊重需求及自我实现需求。

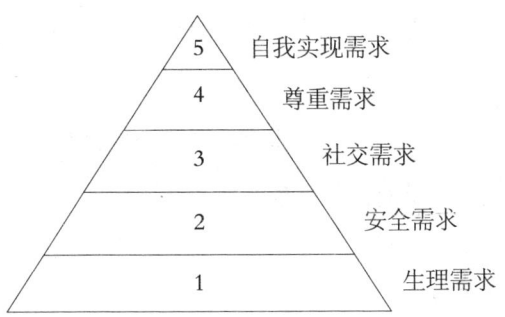

粉丝的需求也不外乎这5种需求中的一种。企业只要能够进行精准的分析，准确把握粉丝的真实需求，就可以更加精准地针对粉丝展开营销，以收

获更多的支持和更大的成功。

如今这个时代,"80后""90后"已经成为消费市场的主力军,所以企业的大部分粉丝也是这个群体的组成部分。抓住这部分年轻人的特点和需求,往往可以扩大粉丝群体,让企业赢得更多的追捧和支持。

产品带来的娱乐体验

如今这个时代,各种各样的网络平台都为年轻人提供了展示自己的机会,一些身怀绝技、怀有梦想的年轻人自然希望可以拥有自己的舞台。受到娱乐心态的影响,年轻人对那些能够给他们带来较好娱乐体验的产品,往往会更加关注。

所以说,企业在打造爆品的时候,应该适当融入娱乐元素,并利用新媒体进行巧妙的营销,为粉丝带去较好的娱乐体验,这样才能吸引更多的粉丝。

产品带来的心情体验

通常来说,年轻人都是比较感性的,他们在体验爆品时,往往非常重视自己的心情体验。企业想让产品火爆起来,就必须为年轻群体提供不一样的心情体验。

重视粉丝的心情,就要求企业根据粉丝的不同群体、类型、特点等提供不同的产品,并进行有针对性的营销。

产品带来的功能体验

年轻人喜欢尝试新鲜事物,渴望享受高科技带来的便利,所以对产品的新功能十分期待,也希望产品具有便于操作的特点。针对这一点,企业一定要在产品的功能设计上投入足够的时间和精力。

与众不同的功能体验，往往会对年轻的粉丝群体产生较大的吸引力，企业抓住这一核心体验，将会对爆品的打造起到超乎想象的良好作用。

除了这几项比较重要的体验，年轻的粉丝群体对产品的视觉、听觉、触觉等都有独特的要求。企业应该在全面分析的基础上，对产品进行合理的设计和打造。只有这样，企业才能赢得年轻粉丝的关注，让产品顺利地变成爆品。

借助"饥饿",刺激消费者变粉丝

在生活中,我们常常可以见到这样的情况:一旦产品运用限量、限时等营销方式,消费者就会表现出更大的购物热情,唯恐错过购买廉价产品的机会。这种营销方式是很多商家都在使用的,它的名字叫"饥饿营销"。

如今,很多生产爆品的企业或商家都会借助"饥饿",刺激消费者的购买欲望。采用这种方式,企业不但可以将爆品的售价和利润维持在一定的水平,而且可以提升爆品的价值和知名度。

那么,企业在什么情况下可以运用饥饿营销的手段呢?

通常来说,运用饥饿营销打造爆品的时候,企业需要考虑下面3个因素。

企业的产品或服务要有巨大的市场潜力,能够受到消费者的喜爱和关注;定价较低或是重复购买率较高的产品,不适合运用饥饿营销

企业的产品要有足够大的竞争优势,与市场上同类产品的差异化明显;同类产品较多、差异化不明显的产品,不适合运用饥饿营销

消费者的心态对饥饿营销能否成功有着很大的影响,企业应该考虑到这一点。目标消费者的心态足够成熟的话,饥饿营销就不是最好的选择

了解了运用饥饿营销打造爆品的3个重要因素之后,企业还需要学会运用有效的手段来进行饥饿营销。

解决大量消费者的"饥饿"问题

爆品的饥饿营销是基于消费者的需求展开的,如果消费者没有相应的需求,那么饥饿营销无论如何都是行不通的。如果大量的消费者都对产品充满饥饿感,那么产品就有大量的受众和巨大的市场空间,也就很容易变成爆品,想不火爆都不行。

比如,现在非常流行的外卖平台,像美团外卖、饿了么等,正是抓住了消费者吃饭这一基本需求。而且,每个人都要吃饭,每天都要吃饭,这个消费群体的数量是极为庞大的,所以外卖平台很轻松就成了爆品。

用免费让消费者感到"饥饿"

很多企业推出新产品时,往往会用免费试用、免费品尝、免费赠送等手段展开营销。对消费者而言,免费的东西总是充满吸引力。

企业通过这种免费模式,使得很多并没有明显感觉"饥饿"的消费者也加入抢购产品的队伍中,而那些本就十分"饥饿"的粉丝们,更会迅速果断地出手,购买企业的产品或服务。

免费的方式不仅对消费者和粉丝有利,而且渴望打造爆品的企业可以通过这种方式了解更多消费者的反馈,提升品牌的知名度,给竞争对手制造巨大的压力。

通过运用饥饿营销,企业可以让普通消费者对产品充满渴望。当这种渴望得到满足并得到良好的购物体验时,消费者就很有可能变成企业的粉丝,在之后企业推出新产品时,他们就会为企业摇旗呐喊并主动进行传

播；对企业的既有粉丝来说，饥饿营销同样具有极大的吸引力，他们会因为"饥饿"而对产品充满渴望，会在需求得到满足时更加忠诚于企业，成为企业的铁杆粉丝。

不难看出，饥饿营销是企业增加粉丝和稳固粉丝阵营的有效手段。对想要打造爆品的企业而言，这是一个很好的营销方式，也是打造爆品的有效途径之一。

粉丝持续接力，刷出市场新爆品

相信很多人都看过体育运动中的接力比赛，跑步、游泳、短道速滑等体育项目，都有接力比赛的影子。运动员交棒的过程，不仅是完成了自己的任务，也是将自己的精神和意志传递给接棒的队友。在接力比赛中，接力队伍是一个整体，只有每个人都为比赛贡献出自己最大的力量，队伍才有可能获得好成绩。

在爆品传播的过程中，粉丝接力就像接力比赛一样，只不过粉丝传递的不是接力棒，而是产品的信息。通常来说，这些信息都是积极向上的，通过这些信息的传递，粉丝更愿意积极主动地去关注与产品相关的事情，并愿意为产品的传播贡献自己的一份力量。所有粉丝的力量叠加在一起，最终才促成了爆品的出现。

在目前的市场上，粉丝接力的工具主要有微博、微信等。粉丝通过不断地转发和评论，使得产品信息快速传播，进而获得广泛关注，直至引爆市场。

一般来说，一家企业粉丝群体的建立，要经过3个阶段。

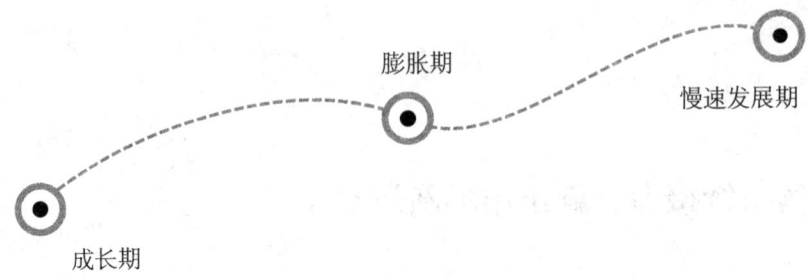

粉丝是一个个单独的个体，而且个体的总量是有限的，所以任何一款爆品的粉丝数量都不可能无限度地高速增长下去，更常见的情况是处于慢速发展期。企业要想拥有更多的粉丝，就必须不断挖掘潜在的粉丝，尝试扩大粉丝群。

当然，想要增加粉丝数量，企业不仅需要付出努力，还需要借助既有粉丝的力量。企业的那些忠诚的老粉丝，其实可以发挥带头作用，通过他们传播企业信息和热点话题，往往比企业自己做广告有更好的传播效果。毕竟，老粉丝是客户的一部分代表，相较于企业而言，新粉丝显然对老粉丝的亲切感更足，信任感更多。

通过各种社交媒体，老粉丝可以带动新粉丝加入，新粉丝又可以带动更多新粉丝加入，在这个不断接力传播的过程中，企业的粉丝数量越来越多，粉丝群体越来越庞大，这为爆品的形成奠定了人员基础。

然而，并不是所有的粉丝都对爆品的形成发挥着积极作用，如"黑粉"就会对企业和产品给出不良的评价。企业能做的，就是通过极致的产品和服务，来改变粉丝的某些不好印象，尽可能地让粉丝对企业和产品给出积极的评价。

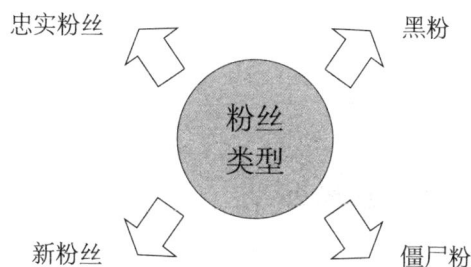

只有粉丝进行良好口碑的持续接力和传播，企业的产品才能不断给人带来惊喜。通过社交媒体的不断刷新和引导，越来越多的人会加入粉丝群体，一起为爆品的出现提供支持和流量。

【案例】新希望牛奶粉丝节

2015年1月9日,新希望牛奶粉丝节在四川成都拉开了序幕。这个活动是新浪四川站和新希望乳业合作推出的一个项目,旨在扩大新希望乳业的影响力。

新希望乳业是四川一家销售乳制品的传统企业,主打产品是巴氏鲜奶。新希望乳业"专业卖奶50年",培养了一大批铁杆粉丝,只不过,这些粉丝大多是阿姨和大妈。如今,年轻群体已经成为消费主力军,他们对乳制品的需求和消费量远远大于阿姨和大妈们。为了改变当前的局面,吸引更多的年轻消费者,新希望乳业非常渴望进行一场有效的社交媒体营销。

新希望牛奶粉丝节的举办时间是在冬季,天气非常寒冷,而巴氏奶又是一款冷冻奶,所以对营销策略的挑战更大。

在活动开始之前,充分而细致的市场调研和适当的策略是十分必要的。

第一,通过分析新希望乳业粉丝群体的特点和喜好,精准地找到了目标客户群体与粉丝的兴趣共性。

第二,通过创意性的话题与核心客户建立起情感沟通的桥梁,进而引爆传播热点。

第三,让粉丝成为活动的主角,企业则退居幕后支持。

借助这一系列的举措,新浪四川站和新希望乳业最终联合打造出一个令人惊喜的粉丝节。

那么，在策划活动的过程中，又有哪些值得关注的重点呢？

与核心客户建立情感沟通

在整个活动中，核心客户发挥着极为重要的作用，新希望乳业当然深知这一点，于是采取相应的措施建立起与核心客户的情感沟通渠道。

第一，与新浪四川牵头成立粉丝节组委会，四川本地的一些微博"大V"及意见领袖也受邀加入其中。

第二，推出微博热点话题"就爱新鲜范"。

第三，企业总裁和领导都参与到活动中，与消费者面对面交流，与粉丝共享快乐。

第四，邀请明星参与活动，将粉丝效应发挥到最大，扩大影响范围。

在传播过程中，微博"大V"及意见领袖发挥了巨大的作用，他们参与互动，提升了粉丝的参与度，扩大了受众群体。与客户沟通时，新希望乳业并没有扮演主导的角色，而是开放一个话题，让粉丝尽情讨论，这让粉丝对讨论有了更多的热情。

发挥明星的粉丝力量

为了扩大活动影响力，取得更好的营销效果，邀请明星参与其中是一个非常好的手段。

在这次活动中，受邀参加的明星是汪东城。在邀请汪东城现场参与的同时，新希望乳业还在PC端和手机端开启了粉丝节的直通报名，并且为粉丝准备了平板电脑等奖品，让粉丝在享受福利的同时，与明星一起参与到狂欢活动中。

汪东城的微博上本身就有很多铁杆粉丝，他们得知汪东城的行程安排之后，自然不遗余力地进行炒作和传播。这样一来，牛奶粉丝节这一话题迅速被引爆，粉丝相当于无形中为活动做了广告。

粉丝出于对汪东城的关注和喜爱，自然而然地开始关注新希望乳业的产品，当他们发现印象中的新希望乳业已经开始转变，更多针对年轻人时，便会对新希望乳业的产品产生更多期待和信任，随着时间的推移，汪东城的这些粉丝就可能逐渐变成新希望乳业的粉丝。

新希望牛奶粉丝节举行当天，不仅有白天的游园会，还有晚上的狂欢晚会，这为粉丝提供了尽情释放自己、尽情享受快乐的大好机会。伴随着明星、微博"大V"、企业总裁等人物的出场，这一活动被推向高潮，同时也进行了二次传播。所有的策划和安排，都符合消费者的情感需求，这让他们更加主动和自发地与企业一起在社交媒体上传播活动现场的盛况。

这项活动最终顺利登上热门话题榜第一名，话题阅读量接近1亿次。新希望乳业生产的巴氏鲜奶当月销量同比增长46%，鲜奶品类的整体销量则上涨了24%。

第十章

引爆产品,从一个故事开始

对所有的人来说,故事都具有极大的吸引力。故事蕴含的情怀,常常引起人们的共鸣,让人为之深深感动。故事和产品结合起来,会给产品带来独特的魅力,让产品更具吸引力,更容易给消费者留下深刻的印象。

讲好故事，产品人气爆棚

纵观当今市场，但凡有些名气的品牌都很善于讲故事。这些公司知道如何将品牌的历史、内涵等讲给客户听，让客户对此留下深刻的印象，并在潜移默化中接受品牌的理念，成为品牌的忠实粉丝。

一个好的故事可以让企业的爆品营销之路走得更顺畅，可以有效提升品牌的存在感和美誉度。企业能够讲好故事，产品自然人气爆棚。

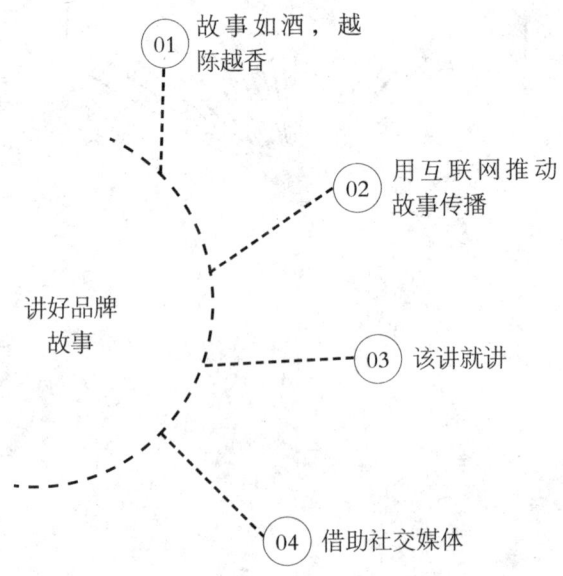

故事如酒，越陈越香

对企业而言，想要长久占领客户的心智并非易事，但这是打造爆品过程中必须要做的重要事情。

在报纸、杂志上发布广告，客户看完之后也许随手就扔了，过不了几天就把广告内容忘得一干二净。但是给客户讲一个故事的话，他就能长久地记在脑子里。一个好故事，就像美酒一样，越陈越香。客户每次回味，总能得到一些新的启示。

海尔员工做营销时，总喜欢讲张瑞敏砸冰箱的故事。因为这个故事体现了海尔对产品质量的高度重视以及对客户的高度责任感。尽管这个故事已经讲了很多遍，但是客户非但没有厌烦，反而对海尔"质量为王"的理念倍加推崇，对海尔更加信任。

张瑞敏砸冰箱的故事已经成了海尔营销的惯用手段，而且客户对此十分认同。可以说，正是在这个故事的推动下，海尔才在爆品之路上越走越快，越走越顺。

用互联网推动故事传播

互联网时代的来临，为企业讲故事提供了更多的平台和操作方法，让讲故事变得简单、高效。不仅如此，企业还能借助互联网增加各种花样，如跨平台互动等。互联网具有传播迅速的特性，能让企业的故事在最短的时间里传到客户耳中。

该讲就讲

网络平台的多样性，决定了人们可以选择喜欢的方式来表达自己，而且无论身份、地位如何，每个人都有平等表达自己的权利。在网络上，什么样的故事都有，但是只有那些具有正向价值的故事才会受到人们的欢迎。在营销过程中，企业应该抓住时机，对营销有利的故事，该讲就讲，随着人气的逐渐升高，生意自然也就随之而来。

借助社交媒体

互联网时代，粉丝对于企业的重要性越来越明显。在这种大环境下，社交媒体已经不单单用于社交，而变成了各家企业竞争的"战场"。企业给客户讲一个好的故事，引发客户自主地转发、评论，便能很快扩大品牌的影响力，为爆品的出现积累足够的粉丝。

对企业而言，讲好故事并非易事，这个故事不仅要符合事实，更要能走进客户的心里，引发客户的情感回应。只有让客户心动，他们才会对故事产生较深的印象，进而对产品产生较多的关注。

好的故事，不是走心，就是娱乐

每家企业都有自己的成长故事，每个成长故事都有其独特的情感寄托。或许企业所做的产品不同，产品背后的故事也有所差异，但是这些故事对于打造爆品的作用，往往是差不多的。

一个好的故事，能够增加客户对产品的正面认识，加深客户对产品的印象，由此可以增加客户的忠诚度。

那么，究竟什么样的故事才能算得上是好故事呢？

一个好的故事，无非两种可能：一是走心，二是娱乐。走心的故事能用真情打动客户，娱乐的故事能牢牢吸引目标群体关注的目光。好的故事能记录一个品牌的发展历史，能展现一个企业的核心实力，更能承载一个品牌所蕴含的独特文化价值。

走心的故事最能打动人心

一件好的产品,除了需要较高的质量,还要拥有吸引客户的情感因素。如何体现情感呢?走心的故事是一个不错的选择。

在互联网时代,产品营销要做到极致,企业就要想方设法让客户主动传播品牌故事,只有走心的故事,才能真正打动客户。

2009年2月的一天,亨利·福特医院进行了第一次现场直播的手术。这次直播不但让观众对手术和医生有了更加深刻的认识,也使得医院的声誉得到了提升。

在此之后,亨利·福特医院又先后直播了15台手术的全部过程。通过这种透明度极高的宣传模式,亨利·福特医院告诉人们,这家医院的医生能够经受住各种手术的考验。于是,越来越多的病人选择在亨利·福特医院做手术,越来越多的医生愿意到亨利·福特医院工作。

亨利·福特医院通过直播向外界传播信息,这是很多医院想都不敢想的营销方式。而恰恰是这种最直观、最真实的体验,使得观众选择相信亨利·福特医院。亨利·福特医院通过这种方式,不仅赢得了患者的认可,还获得了很高的利润。

通过娱乐的方式演绎品牌故事

好的品牌故事会对企业的运营和爆品的营销起积极正面的作用,所以企业应该积极寻找并抓住好的故事,为爆品的诞生提供更大的推动力。

除了好的走心故事,企业还可以将当下流行的人、事、物等作为故事素材,通过娱乐的方式演绎品牌故事。

这里所说的娱乐型故事，其实范围非常广泛，可以是新颖奇特的故事，也可以是和流行元素有关的新闻，如奇闻逸事、星光大道等。另外，利用名人效应也是可以考虑的方式。通过名人来营销，其传播速度和效果都会有极大的提升。

一个好的故事，对于产品的引爆有着积极的推动作用。在打造爆品之初，企业就应该将故事的因素考虑进去，通过一个个走心或娱乐的故事，让客户对产品和品牌产生更深刻的印象。

细节制胜,紧紧抓住客户的关注点

找到一个好的故事,对于企业打造爆品有着很重要的作用。但是仅仅找到并不够,企业还要尽力把故事讲好。只有这样,故事才能得到客户的认可,迅速地在客户群体中传播开来。

那么,怎样才能讲好故事呢?

抓住故事的细节,通过细节抓住客户的关注点,是一个讲好故事的绝妙方法。

收集客户的故事

在企业打造爆品的过程中,客户是重要的参与人员,也是整个爆品体系的重要组成部分。很多时候,客户所说的话,甚至比企业自己的叙述更能让人信服,更有煽动性。

假如企业能让客户主动传播企业创作的故事,那就很有可能吸引更多的客户参与到传播过程中,让故事在更大的范围内传播,影响更多的客户,为企业带来更旺的人气。

那么,什么样的故事才是客户愿意主动传播的呢?

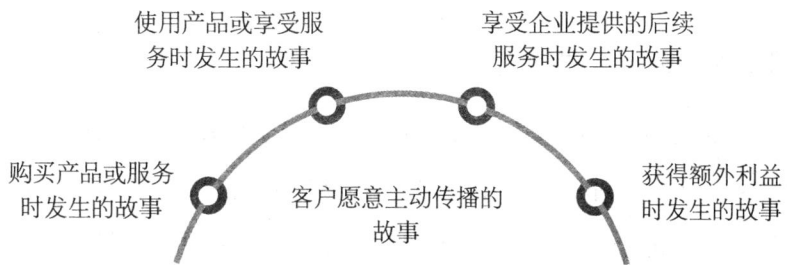

- **购买产品或服务时发生的故事**

这类故事往往能让客户感受到企业的真诚和用心。比如，销售人员因疏忽而多收了客户的钱，在发现之后及时退回钱款并诚挚道歉；在向客户推销产品的过程中，销售人员积极为客户解决难题；等等。

- **使用产品或享受服务时发生的故事**

这类故事通常是客户和亲朋好友在使用产品或享受服务时发生的趣事。比如，客户买了羽毛球，在与家人打球时发生了某些故事。

- **享受企业提供的后续服务时发生的故事**

这类故事一般发生在客户和售后人员或维修人员之间。比如，维修人员利用假期帮助客户维修损坏的冰箱。

- **获得额外利益时发生的故事**

这类故事通常会让客户得到产品或服务之外的利益。比如，客户在使用某种产品的过程中，结识了很多朋友，生活多了很多乐趣。

这些发生在客户身上的故事，因为具有较高的真实性，所以往往会受到客户的喜爱，他们也更愿意传播。企业可以通过有奖征集等形式收集和整理这些故事。

根据亲身经历创造故事

一个品牌的诞生或一款产品的出现，必然凝聚着创始者和参与者的无数心血。可以说，它们的诞生史，就是无数参与者的血汗史。企业可以根据真实的经历，去创造属于自己的创业故事，回忆创业过程中的日日夜夜，将品牌和创始人都巧妙地融入故事中，这会让故事的真实性更强、人情味更浓、趣味性更足，更容易成为客户的热点话题。

讲述相关人员的故事

打造一款爆品的过程中，不仅参与者有故事可讲，一些相关人员，如家人、合作伙伴、朋友等的故事，也可以融入营销之中。这些故事能够更全面地展现产品诞生的全过程，对渴望了解产品点点滴滴的客户会有很大的吸引力。

产品故事是由一个巨大的体系构成的，其中的很多故事都能起到推动营销的作用。企业要学会从中进行筛选，找到那些客户最关注、最在意的细节，并以此作为突破口，往往可以起到较好的推动效果。

有新意的故事，怎么能离开流行元素

在互联网时代，追求潮流已经成为很多人生活的常态。对消费者来说，那些具有流行元素的东西，往往更有意思，更有吸引力。

讲产品故事当然也不例外。在故事中适当融入流行元素，可以有效地提升故事的品位和魅力。在那些紧追潮流的消费者眼中，这样的故事显然更加亮丽一些。

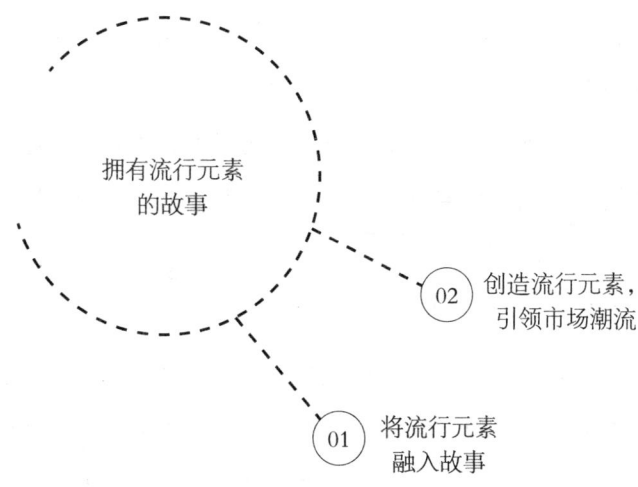

将流行元素融入故事

在创作故事之前，企业应该对市场做充分的调研，以了解市场上的流行元素和社会热点。只有这样，企业才能让故事更符合大众的欣赏口味，从而有可能引爆市场。

如果企业不经市场调查，便盲目地将一些自以为流行的元素融入故事之中，那么就很可能让消费者觉得毫无新意，以至于对企业的审美、品位等产生怀疑。在这种情况下，想通过故事来感动消费者，那无异于痴人说梦。

所以说，企业为故事添加流行元素时，一定要认真地筛选，要根据产品本身的特点，有针对性地选择相应的流行元素。只有这样，故事和流行元素才能相得益彰。

创造流行元素，引领市场潮流

市场上的流行元素毕竟有限，所以有些企业并不能为自己的产品找到与之对应的流行元素。如果出现这种情况，那么企业可以尝试着创造流行元素，去引领一股市场潮流。

当然，自己创造流行元素显然比从既有市场上寻找流行元素更加困难一些，但是只有成为潮流的引领者，打造爆品的可能性才会成倍地提升。

百达翡丽是一个著名的高端手表品牌，它有一句非常著名的广告语，叫作"开创属于自己的传统"。这种开创性，早就成了它最显著的品牌属性。

百达翡丽推出过一个广告，在这个广告中，父子之间的感情靠着一块手表得以维系，而其最终表达的，是"代代相传"这一流行理念。无论消费者身处何种文化环境，这种真挚的情感都足以令其动容，而百达翡丽也就此开创了代代相传的市场潮流。

百达翡丽敢于开创属于自己的传统，才让它拥有了巨大的商机和市场，它开创的市场潮流也在相当长的一段时间里成为人们追逐的热点。百达翡丽创造了流行元素，而流行元素反过来又成就了百达翡丽。可见，能够创造流行的企业，恰恰是受益最多的企业。

消费者对新奇事物的追逐，促使他们不断地猎奇猎新，所以说，越是有新意的故事，越能激发消费者的购物欲望。而对于一个有新意的故事，流行元素是其不可或缺的组成部分。对企业而言，寻找甚至创造与故事相符的流行元素，是一项永远不能忽视的工作。

独具风格的故事，展现产品差异性优势

对消费者而言，风格相同的故事听多了，难免会觉得枯燥乏味。如果企业能在故事风格上下足功夫，解决风格单一这一痛点，那么消费者自然会对企业所讲的故事多一些关注。

通过独具风格的故事，企业可以塑造独特的企业形象，打造品牌和产品的差异化优势。尤其是在市场上同质化产品较多的情况下，产品越是差异化明显，越能引发消费者的关注和追捧。拥有差异化优势的产品明显比其他产品更具人气。

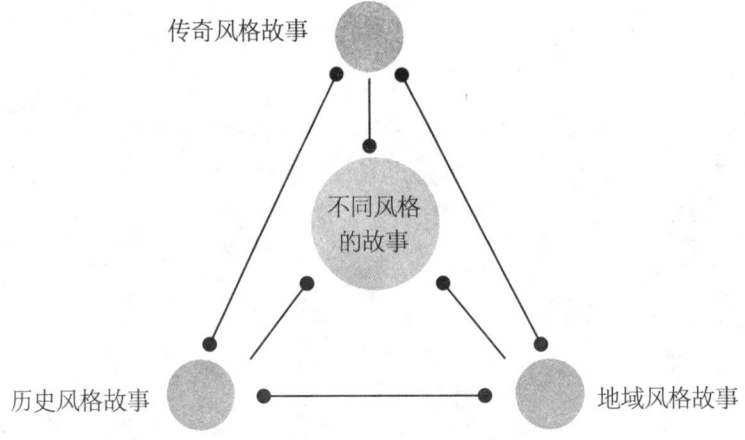

人人喜爱的传奇风格故事

一般来说，传奇故事都带有一种神秘的气息，充满了传奇色彩，传递出追求美好生活的信息。这类风格的故事，通常会引起消费者极大的阅读兴趣。借助这样的故事，企业可以向消费者传递企业文化、产品起源之类的信息。

关于茅台酒的起源，有一个充满传奇色彩的故事。

很久以前，茅台村是一个只有十几户人家的小村子。村子里只有一家富人，他们住在宽敞的大房子里，其他人都很穷，只能住在茅草棚子里。

有一年，天降大雪，风雪中走来一个衣衫褴褛的姑娘。她来到富人家门口，看到几个帮工正在酿酒，便张口讨几口酒喝。这时，富人出现了，他恶狠狠地将姑娘赶走了。之后，姑娘来到了一间茅草棚子前。一位老人不仅热情地请姑娘进去避雪，还将仅有的一点酒拿给姑娘，让她喝了暖暖身子。老人让姑娘在家里留宿，等风雪过去再走。

第二天，老人醒来时姑娘已经不见了，而老人门前却奇迹般地出现了一条小溪。老人用小溪里的水酿酒，酒的口味绵长，十分好喝。而富人家里酿出的酒却酸溜溜的，质量越来越差。

慢慢地，茅台村酿出的酒声名远播，许多人都赶到这里争相购买。

传奇故事虽然让人觉得不真实，但是其中蕴含的神秘色彩，往往能够挑动消费者的神经。听到这样的故事，消费者往往会深陷其中，不知不觉受到故事的影响。

厚重感十足的历史风格故事

这里所说的历史故事,并不是历史上的故事,而是指与企业历史有关的故事。

企业的历史,对消费者有一定程度的吸引力。企业通过介绍自身的历史,能让消费者对企业产生更深刻的认识。而且越是历史感厚重的企业故事,越能赢得消费者的好感和喜爱。

提起烤鸭,很多人会想到全聚德;提起包子,很多人会想到狗不理和庆丰;提起剪刀,很多人会想到王麻子;提起图书,很多人会想到新华书店……

人们之所以会想到这些品牌,就是因为这些品牌历史悠久,品牌故事独特。它们的长盛不衰,本身就说明了品牌的实力,消费者自然对它们充满信任。

企业历史是一个很好的故事来源,从中寻找故事,不仅能够展现企业的文化和厚重感,也能体现与其他企业的不同之处,可以更好地体现差异化。

让消费者着迷的地域风格故事

世界很大,每个地方都有其独特的文化、历史和物产,对没有到过那些地方的消费者而言,充满地域风格的故事往往具有十足的吸引力。

如果企业能在故事中融入一些地域风格,相信能给消费者留下更为深刻的印象。

星巴克就很善于根据不同的地域来介绍咖啡,帮助消费者找到自己喜爱的口味。星巴克详细地向消费者讲述不同地区的咖啡豆所具有的特点以及它们之间的差别,让消费者了解和咖啡相关的所有细节。这样一来,消费者不仅找到了自己喜欢的咖啡,也学习了咖啡知识,对星巴克的热爱也更多了一些。

地域风格的故事，因其独特的地域特点而表现出不同的风格特点。这种地域上的特点，已经鲜明地表现出该产品与其他产品的差异性以及该产品具有的差异性优势。

不同风格的故事，往往可以从不同的角度展现产品的差异性。企业如果能够利用不同风格的故事来做爆品营销，相信会取得令人满意的效果。

【案例】三个爸爸空气净化器的情怀故事

提起三个爸爸空气净化器，相信很多人都有很深的印象和记忆。它是2014年京东众筹的头筹，是业界第一个突破1000万元大关的产品众筹。

三个爸爸空气净化器的单品价格是5000多元，这样的价格完全可以和市场上的一线品牌媲美了。作为一个几乎没有品牌基础的品牌，三个爸爸空气净化器取得的成就简直令人咋舌。

那么，三个爸爸空气净化器究竟有怎样的魔力，能让它迅速打破市场，走上爆品之路？

透过三个爸爸空气净化器创始人戴赛鹰的情怀故事，我们可以探知一些打造爆品的奥妙。

戴赛鹰41岁那年，他的妻子怀孕了。过了不惑之年才有了抱上孩子的可能，这让戴赛鹰欣喜若狂，连着好几个晚上都非常兴奋。

有一次，戴赛鹰陪着妻子到医院做检查，他特意向一位医生朋友咨询，提起了对空气PM2.5的担忧。医生朋友建议他，尽量让妻子少出门，即使待在家里也要使用空气净化器。

戴赛鹰听从医生朋友的建议，为了给孩子一个健康、安全的生活环境，他便打算给即将降生的孩子买一台最好的空气净化器。戴赛鹰把市场上几种昂贵的空气净化器买回了家，但是使用的时候却发现，不是噪音太大，就是净化效果不好。面对这种情况，戴赛鹰想：能不能自己研制一台空气净化器给孩子？为了生产出一款能够安心给孩子使用的空气净化器，戴赛鹰联系了另外两个爸爸，走上了打造一款极致产品的研发之路。

认真调研找痛点

戴赛鹰通过身边的朋友和几个母婴社区，总共对700多个父母进行了调查走访。他和每个父母都进行了深入而认真的沟通，在长时间的沟通中，他总共挖掘出65个痛点。经过比较和筛选之后，他从中挑选出12个最重要的痛点，之后，他又将这12个痛点简化为3个一级痛点。

- 音量大

市场上的大部分空气净化器，运行时的音量都超过了15分贝。与音量15分贝以下的环境相比，婴儿睡觉时平均要多翻3.5次身。所以，三个爸爸坚持打造运行音量在15分贝以下的空气净化器，以求让孩子睡得更香甜。

- 不安全

市场上50%以上的空气净化器都带有棱角，对爱跑爱动的孩子来说，这些棱角是极大的安全隐患，也是父母们选择净化器时的重要参考指标。三个爸爸空气净化器不允许机身出现任何棱角，提高了安全性。

- 前后吹风

市场上的空气净化器大多采用前后吹风的设计模式，这种模式可能会导致孩子感冒，而且有携带细菌的隐患。三个爸爸在空气净化器的设计上采用"上吹风"的模式，减少孩子直吹受凉或接触细菌的可能性。

戴赛鹰总结出的3个一级痛点，个个刺痛父母的心，为了孩子的健康和安全，父母们自然愿意选择三个爸爸空气净化器。

寻找"偏执狂爸妈"

在营销过程中,三个爸爸学习小米模式,选择了100个梦想赞助商作为自己的铁杆粉丝,并且为这个团队取名"偏执狂爸妈"。这类父母绝对不允许有任何伤害孩子的因素出现,让人觉得有些偏执。没想到,这样的称谓让粉丝很受用。尽管他们或许根本不是偏执狂,但是这样的称谓让别人觉得他们很爱自己的孩子。这种心理的满足感,使得他们乐于参与团队建设,并逐渐将它变成了独特的粉丝文化。

三个爸爸本身并没有多大的品牌号召力,毕竟它只是一个经验不足的新生品牌而已,但是其背后蕴含的情怀故事,足以打动诸多爱孩子的父母。当三个爸爸空气净化器和爸爸爱孩子的故事结合起来之后,其具有的力量是超乎想象的。因为,只有真实的情怀故事,才能打动消费者的心。

第十一章

IP 有力量，强 IP 为爆品加冕

关于IP，很多人都曾听说，但是讲到具体的概念和表现形式，相信很多人都难以给出确切的答案。这并不奇怪，虽然IP近些年很火，但是其抽象的概念往往让人难以把握。对打造爆品而言，强IP是一个重要的推动手段，无论是创始人IP化，还是惊艳的IP制作，都能给消费者带来尖叫的冲动。一旦消费者被IP深深吸引，那么爆品的出现就是近在咫尺的事了。

什么是IP

提及IP，很多人可能会一头雾水。这并不奇怪，因为IP本身就是一个很抽象的概念，很难用具体的词汇进行全面而准确的描述。

既然如此，那么我们不妨用一个生活中常见的场景来描述：

一群人聚在一起聊天的时候，总是一个话题接着一个话题，无论前一个话题有没有谈完，总会在前一个话题中引出一个新的话题。聊天内容在不同的话题间进行切换，而且是在不知不觉间完成切换。一般来说，大家都是在前一个话题尚未结束的情况下，就展开了下一个话题。之所以如此，原因大致如下：某些话题是私密性的，有些人并不愿意谈论；在聊天的过程中发现了更有趣的话题，因此自然地转换了话题；等等。

聊天中出现话题的切换，恰恰表明了注意力天然存在的形态：无论我们是孑然一身还是身处社交关系中，无论是能够引起我们关注的内容，还是吸引我们进行讨论的公众话题，都是某种意义上的IP雏形。

这些IP雏形散落在我们日常生活中的每一个角落，当某个雏形吸引了大量的注意力，成为人们关注的焦点时，它便具有了某种特性以及强大的力量，促使自己不断变大、变强，甚至在某些时刻产生一些衍生物。

那么，对于那些能够吸引注意力的东西，我们通常会怎样表述呢？

不同的人会给出不同的答案。比如，面对同一件衣服，有的人会说颜色好看，有的人会说款式新颖，有的人会说面料柔软，等等。虽然视角不尽相同，但是追本溯源的话，其本质只有一个，就是这样东西的某种特质满足了我们的某种需求，让人"感觉对了"。

这种"感觉"，成功地唤起了我们的某种心理满足感，也就是大家口中的IP化。

这样的描述依然不够具体，究竟什么才是IP的确切定义呢？

如果非要给出一个十分具体而确切的定义，那么可以把IP描述成一个以关注热点为中心，能持续唤起某种心理满足感的事物。

IP可以是一个人，也可以是一篇文章或一部电影，甚至可以是想象中的某种事物。也就是说，IP并没有固定的形态，只要是能够持续唤起消费者某种心理满足感的事物，都具备成为IP的可能。

2015年9月，在腾讯影业成立的发布会上，郭敬明说："所有在好莱坞对IP非常了解的人里面，他们所理解的IP是任何做成功了的整体开发的项目，才可以称之为IP，IP是需要被检验，是需要经过验证的，而不是你有一部小说成功了，它就可以是一个成功的IP了。"

由此可见，IP是一个系统的项目，它需要具备持续进化和发展的可能。如果只是单一的一部小说、一部电影，是无法称为IP的。

只有具有持续进化可能的IP，才能为打造爆品提供足够的支持和能量。如果IP只是昙花一现，那就很难对市场产生强有力的冲击，更不要妄论打造爆品了。

善于筛选，打造强IP的关键一步

强IP的打造，是一个复杂而艰巨的工程，对很多企业来说，想做好这项工作并非易事。但是，困难并不能成为放弃的理由。在如今这个市场环境下，很多公司都在积极准备和打造属于自己的强IP，如果不能跟上时代潮流，那就注定要被市场淘汰。

企业想要打造强IP，首要的工作就是学会筛选。在诸多的IP雏形中，选择那些具有成长潜力或是能够长期做下去的IP设计，才有可能打造出强IP。

那么，企业应该从哪些方面入手去筛选IP呢？

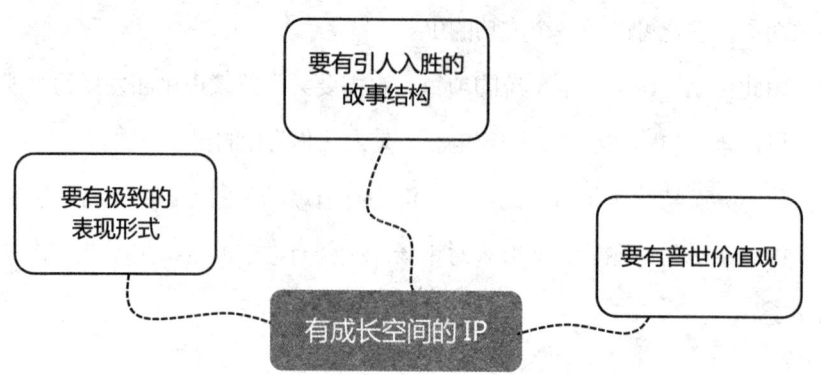

要有极致的表现形式

对客户而言，只有极致的表现形式才能带来强烈而完美的观感体验，并在心中留下深深的烙印。所以说，企业在打造强IP时，一定要极为关注IP的表现形式。

"江小白"在一段时间内风靡市场，成为很多年轻人追捧的目标。这与其极致的表现形式有着极为紧密的关系。在表现形式上，"江小白"追求简单、自然、生动，并通过人物化的品牌形象和情真意切的广告语进行极致化的展现。这种独特的表现形式，将消费者的情感和"江小白"自然而紧密地联系在一起，给消费者留下了难以磨灭的印象。

"江小白"用极致的表现形式，展现了自身的特点，赢得了消费者的共鸣和认可，还节约了一部分成本，真可谓一举三得。

要有引人入胜的故事结构

很多时候，打造IP其实就是在讲故事，而故事讲得好不好，和故事本身的结构有着很直接的关系：结构好，故事就能讲得抑扬顿挫，引人入胜；结构不好，故事就会讲得零零散散，缺乏吸引力。

人们耳熟能详的《西游记》，就是一个优质、强大的IP。它之所以能够吸引无数人的目光，而且很多人百看不厌，就是因为其故事结构十分精妙。不管时代怎样变化，《西游记》始终都保持着强大的生命力。在电影、图书等市场上，几乎每年都有新的相关产品出现，就是《西游记》强大生命力的最好证明。

故事结构的好坏，对IP的打造有着十分重要且直接的影响。故事结构越好，产品离爆品就越近；反之，亦成立。

要有普世价值观

任何一个强大的IP，其核心都是一个正向的世界观。在互联网时代，各种思想进行激烈的碰撞，很多人将特立独行视作自己的标签。然而，不管时代怎样变化，普世价值观永远都在人们心中占据着重要的位置。

"石榴婆报告"这个平台上有很多原创文章，有的是和大家分享经验，有的是和大家讨论公益事业，有的是号召大家积极参与志愿者活动，这些文章都具有普世价值，带着极大的正能量，因此深受读者的喜爱。

"石榴婆报告"上的很多文章，都带着积极的导向，能给读者带来正能量，在这个平台上与人交流，往往能够得到很多有益的见解，提高个人素养，所以"石榴婆报告"给人以"高大上"的印象。

对企业而言，IP的筛选是一项十分重要的工作，只有找到那些具有潜力的IP雏形，才能最终将其打造成理想中的强IP。如果只是找到了一个价值不高、难以成长的IP雏形，那么即便企业花费大把的时间和精力，也只会徒劳无功而已。

创始人IP化，产品营销新捷径

现在的市场上，在企业推出新产品、发布新战略、举办供应商大会时，企业创始人往往会参与其中。这些企业家不仅是为活动造势，更是将这些活动当成了一场声势浩大的个人表演会。他们通过名人效应，影响观众的参与度，为爆品营销做积极的推广。

比如，乔布斯、马云每次出场都能引起观众的热情关注，雷军、罗永浩将每一场新品发布会都办得像一场盛大的演讲一样。

创始人为什么对此如此热衷？答案很简单，就是为了塑造个人IP。在如今的大环境下，创始人通过打造个人属性，借助话题引发观众关注，进而撬动市场，形成创始人的强IP。

一般情况下，成功的商人都有属于自己的IP，只有建立起个人IP，才能进行价值输出，最终通过适当的引导将观众引向产品，实现推广产品的目标。

2013年，格力集团董事长董明珠与小米科技创始人雷军上演了一场世纪豪赌。

在中央电视台年度经济人物的颁奖典礼上，受节目气氛的影响，雷军表示，小米模式的营业额能在5年之内超过格力的营业额的话，那么董明珠要赔给自己1元钱。

董明珠当即做出回应，声称如果被小米打败，愿意赔给雷军10亿元。这样一个令人震惊的赌局，使得董明珠在塑造个人IP的道路上成了众多传统企业家的典范。

我们从这个简单的例子就可以看出，董明珠的IP化营销是成功的。她首先巧妙地抓住了公众关注的焦点，准确找到了话题；之后又通过与雷军的赌约，迅速占领了头条位置，将自己的影响力提升到一个新的高度。

也许有些人不解：董明珠本身就是名人，何必要通过赌约来提升自己的影响力？因为雷军对互联网市场的号召力更强，借势雷军，董明珠能更快地实现IP化目标，而创始人IP化，对产品的营销是有诸多好处的。

财经作家吴晓波写过《网红董明珠》一书，书中写道："比省钱更重要的是，董小姐可能创造出了一个新的品牌传播模式：即便是最冰冷、最格式化的家电品牌，也可以进行人格化的背书。而且，制造者本身应该成为口碑传播的主角。

"在这样的潮流中，传统商业意义上的品牌被瓦解了，它被赋予了人格化的特征，从而颠覆了以往传播的逻辑。人格认同感，部分地替代产品功能，成为新的用户粘连和购买理由，这在产品过剩和注意力缺失的时代，无疑具有试验性的意义。"

董明珠开创的新的品牌传播模式，也就是创始人IP化。如今，这已经不是什么新闻或是新鲜事物。很多企业创始人为了个人IP化而乐此不疲。

创始人IP化究竟有什么好处？很多成功打造爆品的企业发现，创始人本身就具有极大的吸引力，有时创始人的吸引力甚至大过产品本身。因为创始人往往有着巨大的人格魅力，这种魅力吸引着人们跟随其后，这会对产品的销售起到极大的促进作用。

惊艳多姿的IP内容制作

想把IP做大做强,就要在内容形式上多下功夫。那些惊艳多姿的内容制作,往往可以吸引更多消费者的关注,顺利走进消费者的内心世界。

如今,企业不仅可以使用文字信息,还可以在制作的过程中融入图片、音频、视频等,通过丰富多彩的信息载体,与消费者进行更加全面的沟通。这样一来,消费者就会觉得IP内容新颖有趣,值得深入了解一下。

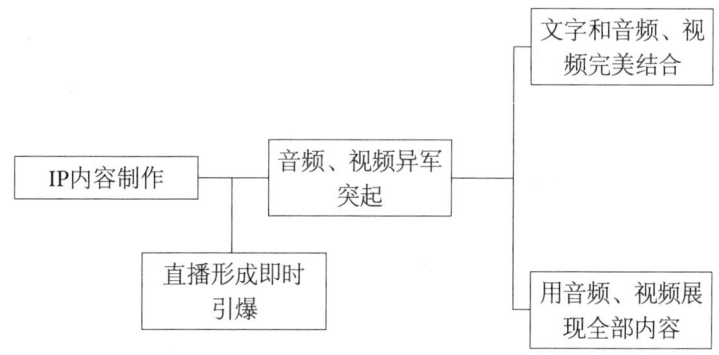

音频、视频异军突起

在互联网技术快速发展的今天,IP内容已经不仅仅局限于单纯的文字形式,音频、视频的强势崛起,为企业传播信息、表达情感提供了更多的载体。

- **文字和音频、视频完美结合**

如果IP内容只由文字构成，那么就算文采极好、思想极深刻，时间久了，人们也会对它产生审美疲劳。既然知道文字存在这种诟病，那么在制作IP内容时就应该规避单纯的文字表述，巧妙地在文字中融入适当的音频和视频，以多样化的表达方式来调剂消费者的神经，以求让消费者得到更好的阅读体验，提升对企业的好感。

- **用音频、视频展现全部内容**

总是看以文字为载体的IP内容，消费者难免会觉得有些乏味。如果能用音频、视频展现全部IP内容，那无疑会给消费者带来耳目一新的感觉。

人气IP"逻辑思维"摆脱传统的文字表达方式，以全语音的形式向粉丝传播信息。粉丝只要轻轻点击一下，就能轻松收听想听的信息。这种方式自然受粉丝欢迎。另外，"逻辑思维"用语音与大家进行互动。富有磁性的语音信息，让它在深刻的思想之外又多了一种惹人关注的魅力。

音频、视频的优点显然是文字无法比拟的。在制作IP内容的过程中，尝试用音频、视频来展现全部内容，能够更加生动、立体地传递消息。

直播形成即时引爆

随着Wi-Fi的普及和流量资费的不断下调，视频直播平台表现得越来越强势，赢得了消费者的广泛关注。直播的普及，不仅造就了一大批网红，还间接地培养了人们使用和关注直播的习惯。

直播潮流的兴起，为企业通过直播平台进行营销创造了基础条件，让IP有了利用直播形成即时引爆的可能性。这是因为，视频直播的互动性更强，企业可以与消费者进行即时交流，让消费者对IP有更加深刻的认知。

视频直播还能清除社交平台之间的阻碍,让IP内容在更大的范围内进行传播。这一切都有利于IP内容的即时引爆,对于企业打造爆品有很好的推动作用。

IP内容的制作方式是多种多样的。如何在诸多的方式中选出最适合企业、最适合产品的方式,对企业而言是一个需要处理的难题。通过丰富多彩的IP内容去吸引消费者,乃至于将消费者变成企业的粉丝,这是打造爆品的必经之路。

IP变现，促使产业链不断延伸

对很多企业来说，打造IP的目的无非是赚取更多的利润，因此它们会想方设法地将招牌和内容变成看得见的真金白银。

通俗点说，IP变现其实就是一个文化产业链贯通和延伸的过程。一个IP在某个领域引发潮流之后，想要顺利完成变现过程，就必须在其他领域完成衍生，进行二次、三次甚至更多次的再度创作。经过数次衍生和创作之后，一个IP就能形成一个IP体系；企业的品牌和产品，也将形成一个庞大的集群。

比如，很多文学、漫画类的IP，常常会被改编成影视剧、动画片等，通过不同形式的展现，来加大IP的影响力，赢得更多消费者的认可。在此之后，IP可以继续衍生出网络游戏等，从而进一步扩大受众群体和范围，使得IP获得更大的发展空间。通过不断地衍生，最初的一个IP最终变为一个IP群，整个产业链也在IP变现的过程中得以不断延伸。

上海迪士尼乐园是迪士尼公司在中国开设的一家主题乐园，其担负的主要任务，就是将迪士尼这个超级IP变现。

上海迪士尼乐园将迪士尼公司旗下的动漫、电影等娱乐休闲产业链上的各种要素有机地整合在一起，并将它们完整地呈现在游客面前。

自华特·迪士尼创立迪士尼公司以来，这家靠动画起家的公司就创造出无数给观众留下深刻印象的经典动画形象，如米老鼠、唐老鸭、白雪公主、狮子王、三只小猪等。在上海迪士尼乐园，游客可以看到很多经典的动画角色，并与它们来一次亲密接触，体验一下与儿时好友相伴左右的感觉。另外，游客可以在这里购买到各种各样的纪念品，参与各种各样的娱乐项目。

另外，迪士尼公司还积极地在上海迪士尼乐园中融入鲜明的中国元素。比如，中国传统的十二生肖与迪士尼经典动画形象一一对应，米奇身穿中国传统服饰，等等。这些举措都大大延伸了迪士尼这个超级IP的产业链，吸引了更多游客的目光。

IP变现的过程，就是企业不断延伸产业链、不断扩大市场占有率和影响力的过程。如果这个过程进行得顺利，企业将会迎来更大的发展空间和机会；如果进行得不畅，企业就会受到负面的影响。所以说，在变现IP的时候，企业要看准时机，做足准备，避免因不当变现而受到损失。

【案例】故宫淘宝：IP打造的电商爆款

2016年7月，微信朋友圈被一个名为"穿越时空来看你"的页面刷屏，它是"腾讯NEXT IDEA×故宫"创新大赛的"邀请函"。

故宫一直给人庄严、肃穆的感觉，很难让人将其与有趣联系在一起。但是近几年来，故宫博物院创建的"故宫淘宝"正不断地刷新人们对故宫的认知，同时也将其打造成一款爆品。

故宫博物院官方发布的数据显示，截至2015年12月，故宫博物院共研发8600多种文化创意产品，主要有雨伞、箱包、钥匙扣等。它在2015年8月曾推出一款手机座，结果在短短的1个小时之内，销量就达到了1500个，一天的成交量则达到了16000个。仅2015年，故宫淘宝的销售额就达到了将近10亿元。

故宫淘宝不过是一家普通的淘宝店铺，它的迅速崛起令业内人士惊叹。那么，在迅速崛起的背后，这个爆款IP究竟隐藏着怎样的秘密呢？

拉近与客户之间的距离

很多人到北京旅游时，都会去参观故宫。毕竟，故宫不仅仅是一个富丽堂皇的建筑群，更是中国古代文化的象征。在故宫，人们不仅可以欣赏宫殿，还能从导游的解说中了解故宫的历史及中国社会的发展变迁。

在故宫旅游时，人们常常会被精美绝伦的建筑深深震撼，但是想要和近在咫尺的文物来一次亲密接触,则只能想想而已。厚重的文化氛围及年代久远的历史故事,使得游客心中自然生出一种距离感。

而故宫淘宝的出现,满足了人们与故宫近距离接触的愿望,在这里,故宫不再是遥不可及的存在,而是伸手可及的真实物品。当一件件与故宫有关的商品摆在眼前时,人们很难不为之心动,很难不掏出钱来购买自己心仪的商品。

创意满满的产品

互联网时代的一个显著特征,就是娱乐性。追求娱乐本就是人的天性,在如今这个充满竞争和压力的年代,人们对娱乐的需求更多,需要用娱乐来释放自己心中积存的压力。所以说,这个时代的娱乐属性更加明显地展现了出来。

文化产品自然也要体现一定的娱乐性,才能吸引年轻消费群体的关注。故宫淘宝在打造产品的时候往往特别注意以下3个方面。

• 产品充满创意

从产品品类上看,故宫淘宝推出的产品并没有什么大的创新,基本都是日常生活中就能见到的普通物品,如手机壳、手机底座等,但是在产品的外观设计和包装上,增加了很多与故宫有关的元素,如皇帝、大臣等。更重要的是,这些人物往往以卡通形象出现,给消费者带来了很多趣味。

• 文案与众不同

"酒香不怕巷子深"的年代早已过去,现代社会不仅需要好产品,还需要好的宣传和推广。无论有多好的产品,如果不进行适当的营销推广,企业都无法将产品送到最需要它们的消费者手中。在故宫淘宝看来,文案是促使产品完成价值变现的重要组成部分,只有文案足够好,产品才能吸引消费者关注的目光。

• 展现巨大的反差效果

故宫淘宝推出的产品,让很多人对故宫有了新的认识。印象中威严、庄重的皇帝，竟然又唱又跳地出场；刚毅果敢的大臣，竟然也有可爱的一面……这种巨大的反差，让消费者为之一震过后，便高高兴兴地掏钱把产品买回家。

精准确定目标群体

故宫淘宝的出现，使得年轻人对与故宫有关的故事、历史等有了更多的关注，改正了之前因看电视剧而得到的一些错误信息。

那么，故宫淘宝是如何找到年轻人这一消费群体的呢？

故宫淘宝所在的淘宝平台，本身就有为数众多的年轻消费者。故宫博物院在淘宝开设店铺，不仅增加了销售渠道，还能更加精准地与目标群体实现对接。

另外，故宫淘宝通过内容营销传播相关信息，并通过微信等社交平台与消费者进行互动，从而进一步拉近了与消费者之间的距离。

使用多元化的营销手段

故宫淘宝不单单在线下渠道进行营销，也借助微博、微信等新媒体进行线上推广。多元化的营销手段，使广大消费者在很多场合、环境中都能接触到故宫淘宝这一潮流IP。

故宫淘宝与腾讯等企业合作，共同推出一系列的营销活动，双方在互相借势中都得到了理想的营销效果。

故宫淘宝的成功，是利用IP打造电商爆款的典型案例，其中的很多经验都值得我们借鉴。尽管故宫博物院被重重城墙包围，但是通过故宫淘宝做的推广，广大消费者对故宫有了新的认识、新的理解。对消费者和故宫博物院来说，故宫这个超级IP都值得多加关注。

爆品将要面临的挑战

在现代市场上，几乎所有的企业都在打造自己的爆品，希望借助爆品打开市场，树立良好的企业形象，也为企业获取更大的利益。然而，并不是每家企业都能得偿所愿。

从2004年创业开始，我帮助思朗打造了纤麸爆品，还打造了均瑶集团的味动力、速腾物流集团速腾快递等，到书要写完时，策划的项目还有自己投资并一手打造的加粉王，再到现在已经正在进行的响法大师。我只做有结果的策划。每一次的策划，都是对爆品营销的一次升华，所以，我很高兴将这些经验与心得跟大家分享，希望能对大家有所助益。

事实已经证明，能够成功打造爆品的企业可谓凤毛麟角，想要持续打造爆品的企业更是极为罕见。即便是如今销售火爆的iPhone、小米手机，也不敢说能在爆品的道路上一直走下去。毕竟，如今的市场变化太快，也许一夜之间，就会有新的企业、新的产品冒出来抢占市场。

所以，一家真正想要打造爆品的企业，不仅要考虑如何打造爆品，更要考虑如何面对爆品将要面临的挑战。

具体而言，爆品可能会在以下3个方面面临严峻的挑战。

一时火爆易，持续火爆难

一般来说，一款爆品的生命周期不超过两年，因为市场更新迭代太快，新旧交替更是历史的必然。企业想要延长爆品的生命周期，必然要投入更多的人力、物力，一旦投入大于产出，那么爆品体系就会崩塌，通俗地说就是"打江山难，守江山更难"。

客户的期望值在不断提高

企业打造爆品的过程充满艰辛，但是客户不会关注这些，他们关注的是产品能否满足他们的需求，能否为他们提供足够好的消费体验。另外，客户总会对产品提出新的要求，以满足他们不断变化和增加的需求。对企业而言，如何通过改进产品来满足客户不断提高的期望值，是一个巨大的挑战。

爆品需要新旧更替

俗话说："长江后浪推前浪，前浪被拍在沙滩上。"爆品同样面临这样的局面。如果企业只是抱着自己的一款爆品不撒手，不去改进，不去提升，那么最终将会被市场淘汰，只能接受失败的命运。

诚然，爆品要面临诸多的挑战，但是挑战和机遇是并存的，有了挑战，才会有发展的契机。每家企业都应该抱定打造爆品的决心，用爆品营销冲出一条出路，为自己打下一片江山。

本书的诞生，离不开诸多良师益友的帮助、支持和推动。在此，我要特别感谢我的父母、妻子和儿女，因为他们的支持，我才有今天的成就。

另外，我要感谢中国传媒大学丁俊杰教授，感谢原广东省广告集团有限公司的副董事长、现广东省高擎广告传媒有限公司董事长李时平先生，感谢广州速腾物流有限公司董事长吕琨先生。此外，我还要感谢新加入的合伙人、羊城晚报的资深媒体人李劲，资深策划人、原研成策划机构副总裁姚西成先生。

李桥林
2018年岁末于深圳响法大师